U0143702

噶舉傳承皈依境

金剛亥母

確戒仁波切

金剛亥母實修法

作者 ◎ 確戒仁波切

藏譯中 ◎ 堪布羅卓丹傑

目錄

目
錄

༄༅། །རྡོ་རྗེ་རྣལ་འབྱོར་མའི་བསྐྱེད་རིམ་རྒྱུན་གྱི་རྣལ་འབྱོར་བཞུགས།

金剛瑜伽女生起次第日修相應法

ན་མོ་བཛྲ་ཱཿ་ཡེ། བཅོམ་པའི་རྒྱལ་གྱི་རྡོ་རྗེ་ཕག་མོ་བསྒོམ་པར་འདོད་པས། རྐ་ལས་འགྲོ་སེམས་བསྐྱེད་ད།

南無班紮秀惹耶。想要修持金剛亥母簡軌者，作皈依發心：

རང་ཉིད་རྡོ་རྗེ་འབྱོར་མར་གསལ་བའི་ཐུགས་ཀའི་ཧཱུྃཿལས་འོད་འཕྲོས་མདུན་གྱི་ནམ་མཁར་བ་མ་རྡོ་རྗེ་རྣལ་འབྱོར་མ་རྒྱལ་བ་སྲས་བཅས་སྤྱན་དྲངས།

嚷尼 朵界拿糾瑪 瑟威凸嘎 舍磊唯瑟 綽叮幾囊咖 喇嘛多傑
拿糾瑪 甲哇絲界堅長

明觀自身為金剛瑜伽女的心間「舍ㄨ」字放射光芒，迎請上師金剛瑜伽女、佛與佛子至前方虛空中。

བཛྲ་ས་མ་ཛཿཧོ་བཛྲ་ཨཀཱུརཱུ་ཧོ་པུཥྤེ་རྒྱ་ལྦ་ཀཻ་གནྡྷེ་ནེ་ཝི་དི་ཤཔྟ་ཏེ་ཤབྡ་ཧཱུྃ།

班紮薩瑪紮 嗡班紮 阿岡 巴典 布貝 杜貝 阿洛給 根碟 涅威
碟 夏達 巴帝札耶 梭哈

དེ་བཞིན་དུ་པུཥྤ་ལ་སོགས་ཏ་ཨཱུཿ། བཛྲ་མ་ཏང་གི་ཨཱུཿ། ཞེས་པས་དག་ཀུང་སྦྱོར་བའི་བར་གྱིས་མཆོད།

同樣亦以 班紮阿密達阿吽 班紮瑪當幾阿吽 等前行中作供養。

ཨེ་མ་ཧོ་ངོ་མཚར་རྨད་ཀྱི་ཆོས། །དུས་གསུམ་སངས་རྒྱས་ཐམས་ཅད་ཀྱི། །སྐུ་གསུང་ཐུགས་ཀྱི་ངོ་བོ་ཉིད།།

艾瑪霍 喔擦 每幾卻 杜松 桑傑 湯界幾　　估松 突幾 喔沃尼

艾瑪霍 稀有勝妙法 三時一切佛，　　　　身語意自性，

འཁོར་འདས་ཡོན་ཏན་དཔལ་དང་ལྡན།

闊德 雲滇 巴倘殿

輪涅妙德具，

|བཀའ་བརྒྱུད་རིན་པོ་ཆེ་ལ་ཕྱག་འཚལ་བསྟོད།།

噶舉 仁波 切喇 洽擦對

禮讚噶舉寶。

བླ་མ་སངས་རྒྱས་བླ་མ་ཆོས།

喇嘛 桑傑 喇嘛卻

上師佛陀上師法，

|བླ་དཔལ་ལྡན་རྡོ་རྗེ་འཆང་།།

喇嘛 巴滇 朵界羌

上師具德金剛持，

གུན་གྱི་ཆེད་པོ་བླ་མ་ཡིན།

袞幾 且玻 喇嘛迎

一切作者即上師，

|བླ་མ་རྣམས་ལ་ཕྱག་འཚལ་བསྟོད།།

喇嘛 囊喇 洽擦堆

禮讚一切上師眾。

དཔལ་ལྡན་རྡོ་རྗེ་མཁའ་འགྲོ་མ།

巴滇 朵界 康卓瑪

具德金剛空行母，

|མཁའ་འགྲོ་མ་ཡི་འཁོར་ལོ་བསྒྱུར།།

康卓 瑪以 闊囉糾

空行母之統御者，

ཡེ་ཤེས་ལྔ་དང་སྐུ་གསུང་ཐུགས།

耶謝 阿倘 估松突

五本智與身語意，

|འགྲོ་བ་སྐྱོབས་ལ་ཕྱག་འཚལ་བསྟོད།།   ཞེས་པས་བསྟོད།

卓哇 中喇 洽擦堆

禮讚救護有情者。 *以上為禮讚。*

དཀོན་མཆོག་གསུམ་ལ་བདག་སྐྱབས་མཆི།

昆秋 松喇 達嘉企

皈依勝三寶，

འགྲོ་བའི་དགེ་ལ་རྗེས་ཡི་རང་།

卓威 格喇 傑宜攘

隨喜眾善行，

སངས་རྒྱས་ཆོས་དང་ཚོགས་མཆོག་ལ།

桑傑 卻倘 措秋喇

直至菩提際，

རང་གཞན་དོན་ནི་རབ་བསྒྲུབ་ཕྱིར།

嚷弦 敦尼 惹竹企

成就自他利，

བྱང་ཆུབ་མཆོག་གི་སེམས་ནི་བསྐྱེད་པར་བགྱི་ནས།

強秋 秋幾 森尼 皆吉餒

生起殊勝菩提心，

བྱང་ཆུབ་སྤྱོད་མཆོག་ཡིད་འོང་སྤྱོད་པར་བགྱི།

強秋 具秋 以嗡 句巴幾

菩提勝行歡喜行，

ཁྲིག་པ་མི་དགེ་སོ་སོར་བཤགས།།

底巴 米格 搜搜夏

懺悔惡不善，

སངས་རྒྱས་བྱང་ཆུབ་ཡིད་ཀྱིས་བཟུང་།།

桑傑 強秋 宜幾松

意持佛菩薩，

བྱང་ཆུབ་བར་དུ་སྐྱབས་སུ་མཆི།།

強秋 琶幾 嘉蘇企

皈依佛法僧，

བྱང་ཆུབ་སེམས་ནི་བསྐྱེད་པར་བགྱི།

強秋 森尼 皆巴幾

發起菩提心，

སེམས་ཅན་ཐམས་ཅད་བདག་གིས་མགྲོན་དུ་གཉེར།།

森堅 湯界 達幾 諄篤涅

宴請一切有情眾，

འགྲོ་ལ་ཕན་ཕྱིར་སངས་རྒྱས་འགྲུབ་པར་ཤོག།ལན་གསུམ།

卓喇 噴企 桑傑 竹巴修

為利眾生願成佛。念誦三次

ཚོགས་ཞིང་རང་ལ་ཐིམ་པར་གྱུར།

福田境融入自身

སེམས་ཅན་ཐམས་ཅད་བདེ་བ་དང་བདེ་བའི་རྒྱུ་དང་ལྡན་པར་གྱུར་ཅིག

森堅 湯界 德哇倘 德威糾倘 滇巴糾季

願一切眾生具樂及樂因，

སྡུག་བསྔལ་དང་སྡུག་བསྔལ་གྱི་རྒྱུ་དང་བྲལ་བར་གྱུར་ཅིག

篤恩倘 篤恩幾糾倘 折哇糾季

願一切眾生離苦及苦因，

སྡུག་བསྔལ་མེད་པའི་བདེ་བ་དམ་པ་དང་མི་བྲལ་བར་གྱུར་ཅིག

篤恩每悲 德哇倘巴倘 米折哇糾季

願一切眾生不離無苦之妙樂，

ཉེ་རིང་ཆགས་སྡང་གཉིས་དང་བྲལ་བའི་བཏང་སྙོམས་ཆེན་པོ་ལ་གནས་པར་གྱུར་ཅིག

涅仁洽倘尼倘折威 當紐 千波喇 內巴糾季

願一切眾生安住無有親疏愛憎之大平等捨。

དངོས་གཞི་ནི།

正行

ཨོཾ་ས་བ྄ྭ་ཤུཉྱ་སནྟ་དྷ་རྨ་ས་བ྄ྭ་ཤུཉྫ྄ོ་ཧཾ྄

嗡 梭巴哇須達 薩哇達瑪 梭巴哇須埵 沆

སྟོང་པའི་ངང་ལས་ཁམས་གསུམ་པོ།

東悲 昂磊 康松波

空性之中化三界，

ཁམས་ཅད་ཆོས་འབྱུང་གཞལ་ཡས་ཁང་།

湯界 卻穹 協耶康

一切法生越量宮，

དེ་དབུས་པདྨ་རོ་ཡི་སྟེང་།

迪鄔 悲嗎 若以滇

其中蓮花屍身上，

རང་སེམས་ཧྲཱིཿལས་འོད་ཟེར་འཕྲོས།

嚷森 舍磊 偉瑟綽

自心舍以字放光明，

འཕགས་མཆོད་སེམས་ཅན་དོན་བྱས་འདུས།

帕卻 森堅 敦伽迪

供聖利眾復回攝，

ཡོངས་གྱུར་བདག་ཉིད་རྣལ་འབྱོར་མ།

永糾 達泥 納糾瑪

自身化成瑜伽女，

ཆོས་སྐུ་ཅིག་གཅིག་ཞལ་གཅིག་པ།

卻估 那記 峽計巴

唯一法身具一面，

ཐབས་ཤེས་ཟུང་འཇུག་ཕྱག་གཉིས་ལ།

踏謝 松具 洽尼拉

方智雙運具二臂，

བདུད་དཔུང་འཇོམས་མཛད་ཁྲོ་གཉེར་ཅན།

度崩 中則 綽涅堅

摧伏魔軍怒顰眉，

མཆེ་གཙིགས་ཚེམས་ཀྱིས་མ་མཆུ་མནན།

切仄 參幾 瑪去年

齜張獠牙緊咬唇，

དམར་ལ་གཡོ་ཀྲམ་སྤྱན་གསུམ་འབར།

嗎喇 悠東 堅松帕

身紅三圓目閃耀，

ཐོད་སྐམ་ལྔ་ཡི་དབུ་རྒྱན་དང་།

菟剛 阿以 鄔堅倘

五骷髏冠為頂嚴，

ཐོད་རློན་ལྔ་བཅུའི་དོ་ཤལ་འཕྱང་།

菟倫 阿具 斗些羌

五十鮮顱頸錬垂，

ཕྱིན་དྲུག་རུས་རྒྱན་ཕྱག་རྒྱ་ལྔ།

慶竹 汝堅 洽加阿

六度骨飾五手印，

རུས་པའི་ཁ་ཊྭཾ་གྱོར་བསྟེན།

汝悲 喀章 主莫滇

骨質天杖倚手肘，

སྟོང་གསུམ་ཁྱབ་པའི་འོད་འབར་བའོ། །

東松 洽悲 偉帕哇

熾光遍耀三千界。

དབུ་སྐྲ་ཁམ་ནག་འབར་ཞིང་གྲོལ། །

鄔乍 康呐 帕行卓

赭髮直豎披垂散，

འདུ་བྱེད་དག་པའི་རང་བཞིན་གྱི། །

篤伽 達悲 嚷行幾

行蘊清淨之自性，

མེ་ཏོག་དྲིལ་བུ་གཡེར་ཁས་བརྒྱན། །

美蹀 止菩 耶喀檢

花鬘鈴鐺為嚴飾，

གྲི་རྩེ་ཁྲག་ཐོད་ཁྲག་བསྣམས། །

朵界 止枯 菟差那

手持鉞刀盛血顱，

གཡོན་བརྐྱང་གར་གྱིས་རྣམ་པར་རོལ། །

淵將 卡幾 囊巴若

左足伸展施妙舞，

ད་རེ་ནི་སའི་ཡི་གེ་ལས།

哈惹 尼薩 以給磊

哈惹尼薩四字化…

མགྲིན་པར་རིན་ཆེན་མཁའ་འགྲོ་སེར།

診巴 忍千 康卓瑟

喉黃珍寶空行母，

ལྟེ་བར་ལས་ཀྱི་མཁའ་འགྲོ་ལྗང་།

德哇 磊幾 康卓蔣

臍綠事業空行母，

རལ་གྲིས་མཚན་པའི་གྲི་ཐོད་འཛིན།

惹直 參悲 只突增

所誌鉞刀及顱器，

སོ་གཉིས་བཅུ་དྲུག་བརྒྱད་དང་ནི།

梭尼 具竹 傑倘尼

卅二、十六與八尊，

རང་གི་གསང་གནས་ཆོས་འབྱུང་དབུས།

嚷幾 桑內 卻穹鄔

自身密處法生中，

ཁྱི་བོར་རྡོ་རྗེ་མཁའ་འགྲོ་སྔོ། །

積渦 朵界 康卓喔

頂藍金剛空行母，

སྙིང་གར་པདྨ་མཁའ་འགྲོ་དམར། །

寧喀 悲嗎 康卓嗎

心紅蓮花空行母，

རྡོ་རྗེ་རིན་ཆེན་པདྨ་དང་། །

朵界 忍千 悲嗎倘

各持杵寶蓮與劍…

ཁ་ཊྭཱཾ་འཛིན་ཅིང་རིམ་པ་བཞིན། །

喀章 增今 人巴行

持倚天杖如其序。

དྲུག་ཅུ་རྩ་བཞིའི་འཁོར་གྱིས་བསྐོར། །

主具 絷息 闊幾郭

六四眷屬眾圍繞。

སྙིང་དང་མཁའ་འགྲོ་བཞིའི་ཕྱག་ཀའི། །

舍倘 康卓 息莬嘎

舍_以與四尊空行眾，

ཡི་གེ་བཞི་ལས་འོད་ཟེར་འཕྲོས།

以給 息磊 偉瑟綽

心間四字放光明，

འགྲོ་བཅུས་སྤྲུན་དུངས་ནས་མཁར་བཞུགས།

閣界 堅常 囊喀修

瑜伽母眷虛空住。

ལུས་ཐིམ་བདེ་དང་དྲོད་ཤུས་བསྐྱེད།

呂聽 德倘 主女皆

融入自身暖樂生；

དག་ཐིམ་མཐུ་དང་ཤུས་པ་བསྐྱེད།

阿聽 菟倘 女巴皆

融入自口勢力生；

ཡིད་ཐིམ་བདེ་སྟོང་ཏིང་འཛིན་བསྐྱེད།

以聽 德東 丁增皆

入自心生樂空定。

གཉིས་མེད་རིགས་བདག་དབུ་བརྒྱན་པའོ། །

尼每 日達 鄔堅巴喔

無二部主為頂嚴。

ཨོ་རྒྱན་གནས་ནས་རྣམ་འཕྲོར་མ། །

鄔堅 內那 拿鳩瑪

從鄔金境作迎請，

དེ་རྣམས་སྐུ་ལས་སྐུ་མང་འཕྲོས། །

迪囊 估磊 估芒綽

彼諸身化無數身，

གསུང་ལས་ཨ་ལི་ཀ་ལི་འཕྲོས། །

松磊 阿利 嘎利綽

語出「阿利嘎利」聲，

ཐུགས་ལས་བྱང་སེམས་ཆུ་རྒྱུན་བབས། །

菟磊 強森 去君帕

心降菩提心甘露，

ལྷ་རྣམས་རང་རང་སོ་སོར་ཐིམ། །

拉囊 嚷嚷 搜搜聽

諸尊一一融自身，

བཟླས་པའི་རྣལ་འབྱོར་ནི།

念誦瑜伽：

གསང་བ་ཆོས་འབྱུང་པདྨ་འདབ་བཞིའི་དབུས།

桑哇 卻穹 悲瑪 達息鄔

祕密法生四瓣蓮花中，

ཧྲིངབ་དང་འདབ་བཞིར་ཧ་རི་ནི་ས་སྟེ། །

舍倘 達息 哈惹 尼薩德

「舍以」與瓣上「哈惹尼薩」字，

ཧྲིༀལས་སྔགས་ཕྲེང་གཡོན་དུ་འཁོར་བ་ལས།

舍磊 阿真 擁篤 閣哇磊

咒鬘左旋圍繞「舍以」字旁，

དོན་ཀུན་སྒྲུབ་བྱེད་འཁོར་ལོ་འོད་འབར་བའོ། །

敦昆 主伽 閣囉 偉帕沃

成辦諸利咒輪放光明。

ༀ་བཛྲ་བཻ་རོ་ཙ་ནི་ཡེ་ཧ་རི་ནི་ས་ཧཱུྃ་ཧཱུྃ་ཕཊ་སྭཱ་ཧཱ།

嗡 班紮 貝若紮尼耶 哈惹尼薩 吽吽呸梭哈

ཞེས་མི་སྤྲོད་པ་གསུམ་གྱིས་གནད་བསྐུལ་ཏེ་བཟླས་པ་ཅི་ནུས་བཟླའོ། །

盡力依「三無住」激勵要點而持咒。

ཐུན་གྱི་མཐར་རྫོགས་རིམ་དང་རྗེས་སྤྱོད་ཀྱི་རྣལ་འབྱོར་ནི།

於座法最後，圓滿次第與結行之瑜伽：

གསང་གནས་ཧྲིༀཡིག་འོད་ཀྱིས་སྣོད་བཅུད་ཏེན།

桑內 舍易 威幾 女具滇

密處「舍以」字光明照情器，

འོད་ཞུ་བདག་དང་དེ་ཡང་ཧྲིༀཡིག་ལ། །

偉修 達倘 迪倘 舍易喇

化光融己復次融「舍以」字，

ཐིམ་ཞིང་ཐིག་ལེ་ནུ་ད་དེ་ལས་ཀྱང་།

聽行 梯磊 那達 迪磊將

「舍ι」收明點漸化為「那達」，

ཞུགས་པས་རང་རིག་འོད་གསལ་བཅོས་མིན་གྱི།

修悲 嚷日 偉瑟 具民幾

住已自覺光明無造作⋯

ཅེས་ཅི་གནས་སུ་ཕྱག་ཆེན་དུ་བཞག

盡力安住於大印自性中。

རྗེས་ཐོབ་ཆུ་ལས་ཉ་བཞིན་རང་ཞིང་ནི།

解透 去磊 牙行 嚷尼尼

後得如魚躍水化顯者，

འཁོར་བ་ཇི་སྲིད་དེ་སྲིད་འགྲོ་དོན་མཛད།

闊哇 幾司 迪司 卓敦則

直至輪迴諸有利眾生。

ཉལ་བ་འོད་གསལ་ཆོས་སྐུའི་རྣལ་འབྱོར་གསལ།

聶哇 偉瑟 卻估 拿鳩瑟

睡眠光明法身瑜伽顯，

ཁྱད་པས་དངོས་སུ་མེད་པ་སྟོང་ཉིད་དུ།

德悲 密素 每巴 東尼篤

超越融入無緣空性中；

སེམས་ཀྱི་ངོ་བོ་རིག་སྟོང་རྗེན་པར་ཐུད།

森幾 喔沃 日東 檢巴菩

心之本質覺空赤裸現。

བཅོམ་ལྡན་འདས་མ་སྒྱུ་མ་ལྟ་བུའི་སྐུ།

迥滇 德瑪 久嗎 大菩估

薄伽梵母如幻之化身，

ཁ་ཟས་བསྲེག་བླུགས་ལུས་ཀྱི་དཀྱིལ་འཁོར་མཆོད།

喀司 瑟嚕 閭幾 經闊卻

食物護摩獻供身壇城，

བགོ་བ་ཕྱགས་ཀྱི་གོ་ཆ་མཚན་དཔེའི་བརྒྱན།

口哇 阿幾 口洽 參悲堅

著衣真言鎧甲相好嚴，

འགྲོ་འདུག་དཀྱིལ་འཁོར་བ་ལ་བསྐོར་བ་ཕྱོགས།

卓嘟 經闊 巴喇 郭哇丘

行住向於壇城者環繞，

སྐུ་བཞིའི་རྣལ་འབྱོར་སྒྱུ་མའི་རྣམ་པར་རོལ།

估息 拿鳩 主每 囊巴若

四身瑜伽幻相中遊戲。

བསྔོ་བ་ནི།

迴向

དགེ་འདིས་འགྲོ་བ་མ་ལུས་རྡོ་རྗེ་སེམས།

給迪 卓哇 瑪閭 朵傑森

無餘眾生以此善結合，

ནང་གི་ལམ་ནས་རྡོ་རྗེ་འགྲོ་ཡིས

囊幾 朗內 朵傑 嘴瓦宜

是故無死經由內之道，

།སད་རྨི་གཉིད་དང་ཆགས་པའི་གནས་སྐབས་རྣམས།

瑟密 尼倘 洽悲 內嘎囊

醒夢睡貪任何之時等，

།རྟག་བདེའི་ཐབས་ཤེས་སྙོར་བས་འཆི་མེད་ཀྱི།

達德 踏謝 久威 契美季

金剛薩埵常樂之悲智，

།སངས་རྒྱས་ཉིད་ཀྱི་གོ་འཕང་ཐོབ་ཕྱིར་བསྒྲོ།

桑給 尼吉 苟乓 透契哦

祈賜金剛行之佛果位。

ཞེས་རྗེ་བདུན་དམར་ཆོས་ཀྱི་དབང་ཕྱུག་གིས་བརྩལ་བའོ།

夏瑪確吉旺曲作。

確戒喇嘛彭措仁波切彙編。

堪布羅卓丹傑中譯。

The Karmapa

༄༅། །དཔལ་ལྡན་དུས་གསུམ་མཁྱེན་པ་ལ་རྗེ་སྐྲམ་པོ་བས་བསྐྱེད་རིམ་ལྷུན་ཅིག་སྐྱེས་མ་དང་། རྟོགས་རིམ་རྩུང་སེམས་གཉིས་མེད་དེ་བསྐྱེད་རྟོགས་ཀྱི་ཁྱད་ཆོས་གཉིས་གནང་ནས། ཐུ་ཁྱེད་སྐྱབ་པ་ཁམས་ཀྱི་ཀི་པོ་གནས་རར་ཀྱིས། འགྲོ་དོན་དུས་གཙང་ཁམས་གསུམ་ཁྲབ་པར་འབྱུང་ཞིང་ལུང་བསྟན་པ་ལྟར། རྗེ་ཉིད་ལམ་དེ་གཉིས་ལ་བརྟེན་ནས་མཚོག་གི་དངོས་པ་མཐར་ཕྱིན་ཏེ་སྐྱབ་པའི་སྐྱུ་ཀྱུལ་མི་འཆད་པའི་ཕྱིན་རྣམས་མཛད་ནས་སྐྲལ་ལྷུན་ཀྱི་གདུལ་བྱ་རྣམས་སྨྱིན་གྲོལ་དུ་བཀོད་པ་ནས་ནུ་དམར་སྐུ་ཕྲེང་གཉིས་པ་ལ་མཁན་སྨྱོང་དབང་པོའི་བར་ཆོས་སྣོར་འདི་ཉིད་གསང་རྒྱ་དག་པར་མཛད། རྗེ་མཁན་སྨྱོང་པ་ལ་བཅོམ་ལྷུན་མ་ཉིད་ལས་གང་འདུལ་དུ་རྒྱ་ཆེར་སྒྱེལ་ཞིག་པའི་གནང་བ་ཕོབ་པ་ལྟར་སྒྲོལ་མའི་ཆོས་དུ་མར་གསུངས། དེ་ངག་གདུལ་བྱ་རིམ་འཛུག་གི་དབང་ལས་ཕྱི་ནང་གསང་བའི་སྐྱབ་ཐབས་ཀྱི་ཐ་སྐྱང་མཛད་ནས་ད་ལྟའི་བར་དུ་དབང་ལུང་མན་དགག་གི་བརྒྱུད་ཟརམ་མ་ཆད་པ་ཡ་ཚོ་ཆེར་ལོ་གསུམ་ཕྱོགས་གསུམ་ཀྱི་སྐྱབ་པ་བ་རྣམས་ཀྱིས་ཉམས་ལེན་མཛད་བཞིན་པ་འདི་ཀ་ཡིན། ཞེས་འདིར་ཆོས་རྗེ་བླ་མ་ཕྱུན་ཆོགས་ནས་ཡི་དམ་ཀྱི་ལྷ་འདི་ཉིད་ཏོ་སྟོད་གོ་བདེར་བྲས་པ་རྒྱ་ཡིག་ཏུ་བསྒྱུར་ཏེ་པར་བསྐྲུན་བྱ་རྒྱའི་ལེགས་པོ་བྱུང་འདུག །སྨྱིར་སྐྲག་པའི་ལྷ་འདི་ཉིད་ཀྱི་ཆོས་སྐོར་ནི་སྐྱབ་བརྒྱུད་ཀི་ཆེན་བ་རྣམས་ཀྱི་སྒྲག་སྟིང་ལྷ་བར་སོང་བས་བརྒྱུད་ལྷུན་ཀྱི་བླ་མ་དག་ལས་རྒྱལ་བཞིན་ཉམས་སུ་ལེན་པ་ལས་དའི་ཀོག་ལྷ་བུ་གང་ཕྱུང་གིས་ཉམས་སུ་བླུན་ན་འབྲས་བུ་རྗེ་བཞིན་མི་འབྱིན་པ་མ་ཟད་བར་ཆད་ཀྱང་ཡོང་དོགས་ཡོད་ལས་དེ་དོན་ཀུན་ཀྱིས་དགོངས་འཇགས་ཞུ་རྒྱུ་དང་། དོན་ཀུན་ཀྱིས་དགོངས་འཇགས་འཆལ།

གསལ་བ་ཨོ་རྒྱན་ཕྲིན་ལས་རྡོ་རྗེས། ༢༠༡༡ ཟླ་ ༤ ཚེས་ ༡༠ ལ།

推薦序。。。

命脈心髓，依師修持

當年，上師岡波巴傳授生起次第《俱生母》（譯註：即金剛亥母）和圓滿次第《心氣無二》的殊勝法門予以吉祥杜松虔巴，並授記道：「兒啊，你於康地的岡波雪山修持，利他事業可以遍布整個前藏、中藏和康地。」遵循著上師岡波巴的旨意，尊者依靠這兩條勝道，究竟其證量，加持相續不斷地示現化身，成熟度脫有緣眾生。直到第二世夏瑪喀覺旺波，此法的傳授都極為隱祕。

當喀覺巴尊者得到本尊的廣傳開許後，多次聚徒傳授，後又依弟子的次第趨入，區分出外內密的修法，灌頂竅訣和教授傳承都相續不斷地流傳至今，成為三年閉關者的必修科目。

今確戒喇嘛彭措將介紹金剛亥母的中文版，以簡而易懂的方式出版成書，非常之好，並表隨喜。金剛亥母的法門對實修傳承的岡倉噶舉來講，可堪為命脈心髓，一定要依師如理修持；倘若只是研讀就肆意修持，將得不到真實果位，反之還會出現種種違緣，希望大家銘記於心。

第十七世大寶法王
噶瑪巴鄔金欽列多傑
2011年6月20日

本文中譯：倫多祖古

作者序。。。

密乘堂奧的踏腳石

本尊金剛瑜伽女的生起次第日修法門，我於2009年於臺灣，在密咒金剛乘和對於此法具備虔誠信心的法友至誠請求之下，以自身淺薄的理解，按照聽眾的情況而作了淺顯易懂的解釋，希望現代人能夠容易接受。

希望此書成為讀者步入密乘堂奧的踏腳石。

吉祥如意！

確戒喇嘛彭措
2011年4月6日

緣起。。。

金剛亥母，是藏傳佛法噶瑪噶舉傳承最重要的本尊，也是三年傳統閉關必修之法，攸關閉關大法「那洛六法」的實修，閉關修行者非修不可。

在噶舉傳承裡面，金剛亥母的灌頂非常甚深，不能隨便給予。一位修持金剛亥母的行者，是要有階段性的。噶瑪噶舉傳承的閉關中心當中，第一年主要修持加行和上師相應法，第二年開始，就會完整地修持金剛亥母的生起次第法門，次第的順序為外修、內修到密修。尤其持誦咒語的部分，會有特別的要求，分外嚴格。

一般而言，傳統三年的閉關都會結界，完全斷絕跟外界的關係，外面的人不能進來，裡面的人當然也不能出去。尤其到了金剛亥母修持的時候，就連裡面閉關的行者，互相之間也是不能說話，都是禁語的。在這一段內修的期間，是非常嚴格的，因為這一段期間要觀修的是氣、脈、明點的修持，如果氣沒調好，很容易造成血壓上升等等問題出現。所以，在

這裡沒有辦法解釋每一個詞句，傳統在閉關中心裡面，就是解釋一句教一段然後再修。在這裡我們就不會多作解釋，這裡只是我們日修的、簡單的念誦而已，如果真的要內修，或者閉金剛亥母的關的話，是有其他更廣的法本與儀軌的。

但是，我們還是可以念誦這些經文，幫助我們種下一個善的習氣，將來哪一天因緣成熟的時候，我們有可能就真的能夠去閉關，修持這些廣的儀軌。現在這本日修簡軌，完全包含了外修和內修的內容；文字精簡，但一切要義都在其中。由於當中包含外修和內修的內容，含義是既深且廣的，所以不會逐字講解，而是作一個概說，幫助大家觀修時，能夠更清楚，以後修持起來也更容易。

本書內容是二〇〇九年八月五日至三十日期間，確戒仁波切在化育道場城市結夏安居，對參加結夏安居的僧眾暨隨喜在家居士為期十五天所說的課程。希望本書誠如確戒仁波切在序中所說：「成為讀者步入密乘堂奧的踏腳石」。

總說

佛陀的教法——三乘之別

佛教——佛陀宣說的法教，現在已經普及於世界各地。完整的佛教，它圓滿包含了顯、密的教法。佛教分為三個部分：別解脫乘、菩薩乘和密乘。為什麼會有這三乘的分別呢？這是因為眾生具有不同的性格、意樂和根器，佛陀以祂的善巧和大悲心，瞭解眾生不同的需要，講說出適合他們的方法，因此產生了三乘的教法。所以，別解脫乘，是佛陀的教法，同樣地，菩薩乘、密乘也都是從佛陀的心意所流露出來的教法。

佛陀的開示——自淨其意

佛陀開示的教法既深且廣，然而歸納起來，就是聞、思、修

三學和經、律、論三藏。如果再精簡來說，就是佛陀所說的一個偈文：「諸惡莫作，眾善奉行，自淨其意，是諸佛教」。佛陀一切法教的精要，都在這個偈文當中。「自淨其意」是佛教的精髓，無論是別解脫乘也好，大乘、密乘也好，都在告訴我們要降伏自心。那麼，我們要降伏自心的是什麼呢？就是我執。

為了降伏我執，如果只是斷除一點點惡行、行持一點善法，我們將無法完全降伏自心。很多人會忽視止惡行善的重要性，以為只要修心就好，這樣的想法是錯誤的。偈文「諸惡莫作，眾善奉行」告訴我們：明因識果，止惡行善是極為重要的事情，每個人都應該有這樣的理解。

降伏我執

1.小乘對治人我執

降伏我執的方法，在別解脫乘、大乘或是密乘當中，都有各自不同的方式。一位別解脫乘的行者，知道調伏我執的重要性，因為如果還有我執，就無法得到解脫果位。別解脫的行者發現，我執的基礎就是自己的五蘊身，凡夫誤以為這個五蘊身就是我，進而生起貪執。因此他們認為，證悟無我的意思，就是了悟到其實五蘊身之上，並沒有一個實質的我存

在，這即是別解脫乘證得「勝義無我」的見解。

2.大乘對治人我執與法我執

大乘談到的我執，不僅是人我執，同時也指法我執——錯誤的執著萬法是「我的」。所以，大乘的行者認為，人無我和法無我的了義即是勝義諦，「我」並不實際存在。由此可知，別解脫乘和大乘的差別，就在法無我的證得與否。

3.密乘對治俱生我執與遍計我執

密乘談到我執分為兩種：一種是俱生我執，一種是遍計我執。遍計我執是指「耽著世俗顯像的心」，意思是一個世俗凡夫會貪著於自己所顯現的對境，例如貪著房子、家庭、朋友、親人等等顯像，這些執著都是由遍計我執所生。遍計我執會執著五蘊身是我，並且執著我的朋友、我的東西、我的財物、我的家庭、我的房子等等事物都是「我的」。

(1)生起次第對治遍計我執

「耽著世俗顯像的心」在祕密金剛乘當中，是一個非常重要的名詞。因為在密乘的生起次第觀修時，主要目的就是淨治這種耽著心。如果不知道目的為何，就無法對法門生起信心。祕密金剛乘法門，主要分為兩類修持：一是生起次第，

一是圓滿次第。修持生起次第的目的，就是為了清淨、對治我們世俗顯像的耽著，也就是遍計我執。

(2)圓滿次第對治俱生我執

如果僅僅藉由生起次第的本尊觀修，淨治了遍計我執，是否就算成佛了呢？並不是的，我們還要淨治俱生我執。那麼什麼方法可以對治俱生我執呢？它就是圓滿次第的觀修。密乘的修持，依照對治遍計我執，然後再對治俱生我執的次第，因此先要觀修生起次第，接著是圓滿次第的能淨法來對治。

4.顯乘與密乘對治俱生我執的差別

我們所淨的部分，分為粗和細兩部分：遍計我執較於粗略，俱生我執則比較細微。因此，當我們修持時，會先從粗略的開始對治，然後愈來愈細微。遍計我執，其實是依靠俱生我執而產生的，如果沒有俱生我執的話，也就不會有遍計我執。

在顯乘的初地時，無我的智慧生起，雖然了悟了人無我和法無我，還是要次第的了悟二地到十地。雖然已經證悟初地，由於還有不同層次的細微執著存在，所以之後還有二地到十地不同名稱的階位，一直到第十地的續流的最後，透過「金剛喻定」對治最後細微的執著──俱生我執。在顯乘來說，

俱生我執被消除的時候，也就是成佛了！

俱生我執非常的細微，因此需要經歷長時間的積聚資糧、淨除罪障的次第才能摧伏它。就顯乘來說，需要三大阿僧祇劫的時間來積資淨障。俱生我執只要還存在就無法成佛，顯乘透過金剛喻定，最後即能摧伏俱生我執。

密乘對治俱生我執時，方法多並且容易修持，這是密乘的特點。只要切合要點的修持，不需經過三大阿僧祇劫的時間，即能在一生當中成佛。密乘的生起次第觀修，能夠對治遍計我執；俱生我執，則是透過離戲、無造作的圓滿次第觀修法來對治。只要掌握生、圓二次第的要點，一定能夠一生成佛。因此，經典說修持密乘的人，需要的是上根器的弟子。

修行的目的

我們修行的時候，開始一定要清楚，到底自己修持的目的是什麼？要清淨、摧伏的對象是什麼？許多人修持了好一段時間，卻沒有得到任何成果，這是因為他們不知道自己修持的目的。我們應該確切瞭解，修持生起次第、圓滿次第的目的，就是要摧伏遍計我執和俱生我執。例如你在黑暗中想用石頭丟擊一個目標，如果目標不清楚，可能不僅沒有擊中目標，反而丟到了不該丟的地方。同樣地，如果修行人的目的

不清楚，修持不僅無法產生利益，反而會造成傷害。這也是為什麼密乘會再三強調「三昧耶戒」的原因。

密乘將是一條近道

如果我們有了以上的瞭解，並且好好修持密乘，有福緣的行者，可以在短時間當中成佛，密乘將是一條近道。不然，很多人對密法有誤解，以為修持密乘、金剛乘可以得到特殊的力量，可以馬上讓自己喜歡的人得到快樂，或者讓自己不喜歡的人得到痛苦……如果有這樣的想法，這就不是佛陀的心意，也非佛教了。

密法具備了什麼力量呢？對於有福緣的密乘行者來說，透過精進的修持，密乘法門能夠幫助他快速得到證悟，這就是密法的力量。事實上，我們自心具備了究竟的力量，也就是我們每個人都具備了成佛的潛能，只是沒有開顯出來。開顯的方法，即是密法當中持誦咒語、觀修本尊等等的法門。如果我們錯用了自己的潛能和力量，那麼不善也會由心而生，例如地獄的劇烈痛苦，即是因為錯誤的使用自心力量而產生的。懂得善用此心，一切善力也由此心而生。因此，所謂自心具備的力量，是指開顯自心之後，自然展現出來的本俱的力量，並非透過持咒、觀修本尊而心生出來的。

四部密續

回到最開始所說的，整體佛教，完整的包含在顯、密兩個部分當中。顯乘當中分為：上、中、下三士道；密乘裡面則是分為四部密續。金剛亥母的續典，是屬於四部密續當中的無上瑜伽部。

佛陀當時是針對什麼樣的人開示了四部續典呢？當時的印度，所有人被分為四個種姓，不同的種姓，有著各自不同的強烈執著和分別念。具備善巧和慈悲的佛陀，針對不同種姓的人，開示出不同的能淨法門，也就是四部續典。

1. 事部

四部密續的第一個是事部。主要是說給什麼人聽的呢？是針對婆羅門種姓的人而開示的對治法。婆羅門人特別執著潔淨，比起一般人，他們自認為非常高貴，因為這種傲慢，他們無法忍受汙穢。所以，事部的教法，各種修持方法和戒律，也都要求潔淨。婆羅門是身分高貴、喜好潔淨的一個種姓，他們每天都要洗澡，天氣再冷也要洗澡，這種傳統一直保持到現代。婆羅門的飲食習慣，和其他種姓也不一樣，他們不吃蔥蒜、不飲酒。這些都反應在事部的對治法門當中，有很多特殊的規矩需要持守，例如：觀修本尊的時候，只要

一打瞌睡，或者一放屁，觀修就不算了，必須盥洗沐浴後從頭來起。事部的行者，不僅是不吃肉、不吃蔥蒜、不喝酒就好，而是在修持座中時，也不能夠有這些東西。

現在藏傳佛教當中，我們比較熟悉的事部法門，有「不動佛法門」，或者出自《聖不空羂索觀音續》的「紐涅」（斷食齋戒）的修持，都非常注重潔淨。佛陀開示的事部教法，主要就是為了調伏婆羅門人，例如事部的沐浴也和一般的沐浴不同，是要用「牛五淨」——牛的淚水、鼻水、口水和兩個下門的水來洗浴。事部灌頂用的寶瓶，其中盛裝的寶瓶水，也一定要具備這五淨才算如法。為什麼五淨這麼重要呢？因為婆羅門族認為牛就是天神，從牛所生的五種事物，即是甘露。現今在尼泊爾的婆羅門族村落，依舊保有這樣的習慣，當牛小便的時候，他們會用手馬上接一點，然後灑在自己臉上，代表洗淨和除障。對於我們來說，會覺得太可怕，太骯髒了，然而對他們來說，卻是上天賜予的甘露。

透過以上的介紹，我們看到一個重點，就是佛陀為了幫助眾生能夠降伏執著、煩惱，因此開示出適合、相應的法門。為了降伏婆羅門族的執著，事部的法門也應運而生。事部法門的沐浴淨身，平時到洗澡間洗澡，塗些肥皂，這些還不是真正如法的事部沐浴，而是必須使用「牛五淨」來沐浴。然而，這樣的要求和規矩，佛陀是特別針對婆羅門種姓的人而

宣說的。

2.行部

第二個是吠舍種姓，它是指商人，針對商人佛陀開示出行部
的教法來對治。

3.瑜伽部

第三個是剎帝利種姓，也就是王族，針對王族佛陀開示出瑜
伽部的教法來對治。

4.無上瑜伽部

第四個是首陀羅種姓，也就是賤民階級，例如：漁夫、屠夫
等等，佛陀針對他們開示出無上瑜伽部的法門。

密乘的四部續典，並不是由四個不同的教主開示的不同內
容，而是釋迦牟尼佛以善巧和悲心，針對四種不同類型的人
而宣說的教法。無上瑜伽部當中，提到生起次第和圓滿次第
的修持，其中圓滿次第尤其是屬於無上瑜伽部的密意。事
部、行部和瑜伽部是屬於下三部的續典，其實並沒有提到圓
滿次第。因此，想要如法修持圓滿次第的行者，不能不依止
無上瑜伽部的法門。

無上瑜伽部分為三個部分，分別是父續、母續和無二續。所謂的父母，並不是指性別上的男性和女性，而是依照當中的內容，而有此象徵的名稱。無上瑜伽部主要的內容是方便和智慧，宣說方便法門的是父續，宣說智慧法門的是母續，同時講說方便和智慧，即是無二續。

(1)父續

父續的名稱，來自於此部強調生起次第的觀修，此觀修屬於方便，因此得名為父續。

(2)母續

母續強調圓滿次第的觀修，此觀修屬於智慧，因此得名為母續。

(3)無二續

無二續則是因為同時強調生起次第和圓滿次第觀修法，所以得名為無二。

父續的本尊有密集金剛等等，母續的本尊則是勝樂金剛，而時輪金剛則是無二續的本尊。父續和母續當中，都會談到生起和圓滿次第，只是著重點不同。例如父續的密集金剛，雖然有談到圓滿次第，但是主要是宣說方便法的部分；母續

的勝樂金剛，有談到生起次第的觀修，但是主要是談到智慧的部分；無二續的時輪金剛則是同時強調生起次第和圓滿次第。

那洛六法

噶舉派的圓滿次第，主要是甚深道那洛六法。那洛六法主要則是旆陀離瑜伽（猛厲火），此法是母續的究竟圓滿次第。旆陀離瑜伽加上第二個幻身、第三個光明、第四個睡夢瑜伽即是四個主法，分支的二法即是中陰和遷識（頗瓦）。

那洛六法屬於圓滿次第的法門。圓滿次第分為「有造作」的和「無造作」的圓滿次第兩種。那洛六法是屬於前者，例如六法當中的旆陀離瑜伽（猛厲火），需要刻意地修持氣、脈，是一種比較繁複、造作的次第。

生起次第和圓滿次第，即是無上瑜伽部的教法。生起次第的修持，能夠對治遍計我執——耽著世俗顯像的心；圓滿次第，則是對治俱生我執。俱生我執被降伏之後，顯乘就稱為成佛，密乘即為證得殊勝的成就，噶舉大手印的修持則稱為無修法身果位。對治了俱生我執，就算是證得了大手印。大手印可分成顯乘、密乘的大手印，這裡所談到是密乘的大手印。

密勒日巴尊者是在藏地一生當中成佛最著名、最廣為人知的一位瑜伽行者。他最主要依止的法門，就是密乘道的大手印。尊者依照實修的經驗，將那洛巴大師的法門歸納為六種，形成了那洛六法的修持。在尊者之前，存在有圓滿次第的修持，但是並沒有所謂的那洛六法。

以上，我們對圓滿次第有了初步的瞭解，想要修持圓滿次第，首先一定要有生起次第的基礎，因為如果遍計我執沒有得到降伏，俱生我執也不可能清淨。

噶舉派不共的生起次第法門稱為「俱生母」，也就是金剛亥母的修持。祂是噶舉派不共的本尊。金剛亥母外、內、密的修持當中，內修的部分和那洛六法當中的猛厲火關係非常密切。金剛亥母屬於母續，因此猛厲火是屬於母續的圓滿次第。

遍計我執

密乘將遍計我執稱為耽著世俗顯像的心，我們可以從自身看到這種執著。例如：有人突然叫喊我們的名字時，我們的反應是：「喔！是在叫我。」 我們執著這個五蘊身是我。接著，對於自己執著的對境，會生起「我的」的執著，例如：這是我的東西、我喜歡的人、我的房子、金錢等等。回顧自

身，知道大致有兩種執著，第一個是執著這個身體是我，這個我執向外擴大，就生起第二種「我的」的執著。

這兩種執著是本來就有的嗎？並不是的，它並不是俱生的，因此它被稱為遍計我執。所謂遍計，意思是到處貼標籤，賦予名稱，例如：這個身體是「我」，那個房子是「我的」；例如：一棟房子，當它被自己買下之後，我們就會覺得房子是「我的」，買之前不會有這種執著。如果問：為什麼你覺得這個房子是你的？因為房契上寫著自己的名字，但在那張紙出現之前，你不覺得這個房子是你的，因為那張紙，你會覺得這個房子是你的。只要是自己的房子，一小塊玻璃破了，就會心疼不已，但是當它被交易出去之後，就算整個房子塌了，也一點不在乎。這個就是遍計我執。我們每天都有無數這樣的執著發生，透過修持要減少這種的執著。

生起次第

減少遍計我執——我執和我所執的方法是什麼？就是觀修具備能依和所依的生起次第。對治「這是我」的執著的方法，即是觀修「這是本尊」，也就是自生觀想——觀想自己即是能依的清淨本尊。如此觀修，能夠減少我執，也就是減少耽著世俗顯像為我的執著，並且提昇開顯清淨本尊的顯像。接著，透過觀修所依的壇城和聖眾眷屬，減少我所執——對於

房子、親友、金錢的執著。

生起次第觀修的重點在於，將我們視為「我」的五蘊身視為「本尊」；將我所執的對境視為壇城宮殿，並且將我的親友視為壇城聖眾的眷屬。生起次第為了要對治遍計我執的分別念，因此轉念，造作生起一個新的念頭。凡夫念和本尊念，只是淨與不淨的差別，而兩者都是分別念。

我們應該要瞭解生起次第對治的對象為何，這很重要。以別解脫乘而言，他們的修持在於認知五蘊身為不淨、痛苦、無常和無我。透過這樣的修持，行者將能證悟人無我。以大乘的修持而言，不僅瞭解人我的無實質，也要瞭解法我的不真實存在──亦即空性的了悟。三乘佛法當中，都談到對治我執，只是有三種不同的方式。密乘當中為了對治俱生我執，因此修持圓滿次第，對治遍計我執是修持生起次第。

體會萬法的本質

具備以上的瞭解之後，對於佛教不同的宗派，就不容易生起分別心，我們會知道本質上，並沒有不同。例如：沒有真正嚐到甜味之前，紅色的糖比較甜、白色的糖不甜、黃色的糖根本不是糖的種種妄加評斷和分別，實質上沒有任何意義，重點是要吃糖，嚐到甜味。嚐到了甜味就會知道：喔！原

來，表面顏色不同，味道卻是一樣的。這就是淨觀的生起
——真正體會萬法的本質皆一，都是佛陀開示的教法。

教派之間的隔閡和批評，只是反映出一個情況，就是根本沒
有吃下那顆糖。從本質上來看，三乘沒有任何差別，然而
從人的角度去看，有時對立就會產生。因此佛陀說依法不依
人，就是這個道理。我們要對佛法有信心！表面上、口頭上
的讚歎或者自誇，並不會讓事物變得更好，假如有一天，別
解脫乘的行者、大乘的行者和金剛乘的行者，三人對簿公堂
的時候，誰能夠主持公道呢？唯有正確的理由——正理能夠
主持公道。因此，具備正確知見、明辨道理，是很重要的。

尤其在臺灣，很多人覺得密乘很新奇，例如持咒和手印等
等，但是也存有許多疑惑，希望這樣的介紹，能對各位有些
幫助。

清淨自心的方法

佛陀說：「諸惡莫作，眾善奉行，自淨其意，是諸佛教。」
清淨自心的方法很多，例如別解脫乘是指了悟人無我，但這
並不是圓滿的清淨我執。四句偈當中的自淨其意，是指圓滿
的清淨自心，意思是清淨了俱生我執。以大乘而言，需要清
淨人我和法我的執著，然而這也沒有完全清淨，因為還要次

第進入二地、三地等等，圓滿修持十地的階位，俱生我執則需要透過金剛喻定來降伏，因此說大乘也沒有圓滿清淨。

以密乘而言，有生起次第和圓滿次第兩種修持，透過生起次第對治了遍計我執，但是這也還不是圓滿清淨自心，因為還剩下俱生我執，需要透過圓滿次第來對治。由於圓滿次第是一個如此祕密、深奧的口訣，密乘也因此而得名為「密」乘。究竟的「密」，就是圓滿次第，也被稱為殊勝的成就。能否得到殊勝的成就，就在於有沒有降伏俱生我執。因此，「自淨其意」指的是降伏俱生我執。而「諸惡莫作，眾善奉行」兩句，也非常重要，因為止惡行善即是清淨自心的方法。

清淨自心的對象

開始修持密乘時，我們要清楚所要調伏和清淨的對象是什麼。總而言之，生起次第要清淨的就是世俗顯相的貪執，也就是遍計我執；圓滿次第要清淨的就是俱生我執。如同生病時，首先清楚知道自己生病了，並且知道病因是什麼，然後對症下藥，並且正確服藥，逐漸病痛就能痊癒。同樣當我們修持無上瑜伽法門時，我們要清楚知道遍計我執和俱生我執，是我們要對治的。

加行

淨心、修心的方法很多,在藏傳佛教的口訣乘,尤其是噶舉派,特別重視加行的修持。加行分為共加行和不共加行兩種,其中共加行尤其重要,共有四個。

1.四共加行

(1)思惟人身難得

第一個是思惟暇滿人身的難得,珍惜難得的生命。然而,如果因為得到珍貴人身而傲慢或者懈怠,也是不行的。

(2)思惟無常

第二個加行是思惟無常,思惟隨時可能死亡。

(3)思惟業力

第三個加行是思惟業力、因果,善因緣和合時,就會形成有善業,惡因緣和合時,就會造成惡業。因此,我們隨時要觀察因緣,觀察自己的起心動念是善或惡。

(4)思惟輪迴過患

第四個加行是思惟輪迴過患,也就是思惟輪迴的痛苦。傳統教法提到許多地獄、餓鬼、畜生的痛苦,但這些痛苦我們無

法想像。所以，思惟痛苦時，可以從自己每天的生活中去思考。

痛苦是一種不舒服的感受。一天當中，這種不快樂的感覺，大概占了七、八成。例如開心地吃個飯，本來是想吃好一點、香一點，結果吃得太飽，然後發覺肚子脹痛，這真是一種痛苦。所以，這個痛苦的感受，可以從自己身上去體會，甚至只是走在路上不小心撞到頭，都是痛苦。如此去思惟，就真的能夠體會何謂「輪迴過患」，如此的四共加行，才是名符其實的。如果沒有深刻的體會，就算做完四加行的次數，也沒有多大用處。

2.四不共加行

四不共加行，指的是能夠消除障礙的皈依大禮拜、清淨罪障的金剛薩埵、積具資糧的獻曼達、迅速得到加持的上師相應法。以上都是淨心的法門。

使心成熟的灌頂

生起次第和圓滿次第，它是方法，並不是結果。密乘修持的正行，就是生起次第和圓滿次第。進入正行之前，我們需要準備什麼呢？需要讓自己還未成熟的心，得以成熟。如何才

能讓自心得以成熟呢？方法就是灌頂，所以灌頂被形容為使心成熟的灌頂。

這裡我想解釋一下什麼是灌頂。平時，我們都會想要有一個好的結果，重點是我們種了什麼因，是不是已經種了會得到那樣成果的因呢？灌頂讓心成熟就是一個因，種下這個種子之後，慢慢就會發芽成長。過程當中，需要我們細心的呵護，要適量地給予水分和各種養料，這的確是要用心去做的，有時也很辛苦，然而辛勞不會白費，慢慢就能開花結果。如同這個比喻，僅僅接受灌頂還不夠，就像僅僅是把種子種下去還不夠，為了讓覺受和證悟的苗芽能夠長成，我們還需要修持生起次第和圓滿次第。

然而，修行在個人，自己要努力才行。如果讓種子自生自滅的話，它是絕對無法長成，因為障礙是很多的。同樣地，密乘當中的灌頂，就像是一顆種子，我們需要透過實際修持，來好好呵護，使其茁壯結果。然而，種子再好，如果沒有肥沃的田地，也是沒有用的。因此接受灌頂之前，需要清淨自心。

想要修持正行法，也就是生起次第的俱生母法門或者圓滿次第的那洛六法，首先必須要得到授權，才能夠修持。所以，首先必須接受金剛亥母的灌頂。這就好像出國，先要申請那個國家的簽證許可一樣。然而，得到簽證卻沒有去，那簽證

也是沒用的。這次妙融法師和堪布丹傑請我給予金剛亥母的灌頂和教學，當時我想，在噶舉傳承裡面，金剛亥母的灌頂非常甚深，不能隨便給予，就像之前所說，首先需要具備肥沃的田地一般，所以有規定，若是想要接受灌頂，一定要做完四不共加行，像是十萬遍的大禮拜等等的功課。如果基礎不穩固，隨便接受灌頂，結果產生不如法的行為，這樣就很不好了。如果事先沒有宣布，有些人一聽到灌頂，就想來湊熱鬧，根本搞不清楚狀況，到時請他們離開也不是，要讓他們留下來接受灌頂也不如法，所以當初做了這樣的規定。

01

金剛亥母的傳承

〔金剛亥母傳承表〕

金剛亥母遠傳承

金剛總持→薩惹哈→龍樹菩薩→魯悉巴→雜仁達惹→
黑足大師→夏瓦日大師→帝洛巴*→那洛巴→馬爾巴→
密勒日巴→岡波巴→歷代噶瑪巴→第十七世噶瑪巴

（*帝洛巴的主要傳承上師為：龍樹菩薩、札亞巴、拉瓦巴、蘇卡悉地）

金剛亥母近傳承（又稱黃金珠鬘）

金剛總持→帝洛巴→那洛巴→馬爾巴→密勒日巴→岡波巴
→歷代噶瑪巴→第十七世噶瑪巴

這次主要修持的本尊就是「金剛亥母」，我們稱它為「日修的相應法」。「日修」指的是每天都要做的修持，雖然是薄薄的一本簡軌，但是這本簡軌已完整涵攝金剛亥母外、內、密的修持，所以它的意義是非常深刻的。在「金剛乘」或者「密乘」當中有提到三根本——「加持的根

本是上師、成就的根本是本尊、事業的根本是護法」。所以，當我們提到「加持的根本是上師」時，傳承的次第就非常重要。

密法的緣起

佛陀當年在印度，曾經三次轉法輪（說法）。第一次轉四諦法輪，第二次轉無相法輪，第三次轉善能分別法輪。第一次說法時，主要是針對一般根器的大眾，同時也對少數上根器的弟子開示了密咒金剛乘的教法。金剛乘法教的結集者是金剛手菩薩，祂是八大菩薩之一。佛陀當年說法時，聽眾當中可能同時有下、中、上不同根器的弟子，因此，其實佛陀在初轉法輪時就有開示密法，當時少數的上根弟子，都是自己內修，別人是看不出來的。

當時在西方的鄔金淨土，也就是現今的巴基斯坦，有一位名叫因札菩提的國王。這位國王很仰慕佛陀，因此前去拜見並且請示佛陀說：「我是一個國王，國務繁忙，眾多子民需要我的照顧。佛陀可否告訴我，我如何能夠不捨棄現有的生活條件，但又同時能夠修持佛法呢？」佛陀觀察到弘揚密法的因緣已經成熟，以前只是針對少數人講說的密法，現在因為因札菩提國王請法的因緣，金剛乘法輪正式的開始廣傳開來。這是佛陀首次公開講述密法，祂示現為密集金剛來講

說。

在密集金剛續典當中記載，佛陀所開示的在一定享受的生活中將各種受用——色、聲、香、味、觸轉變成修持的方法。佛陀並且象徵性地化現為色金剛女、聲金剛女、香金剛女、味金剛女、觸金剛女來為一般大眾開示金剛乘教法。以上是佛陀因為因札菩提國王，而開始弘轉金剛乘教法因緣。

金剛亥母法的遠傳承

西方鄔金淨土，成為了密法弘揚的根據地，也就是現今的巴基斯坦地區，此處也就是金剛亥母的聖地。金剛亥母外相雖然示現為金剛亥母本尊的相，但祂的本質就是法身金剛總持。金剛亥母的口訣教授，都是由金剛手菩薩所集結整理出來的，之後，薩惹哈大師將此法傳給龍樹菩薩。有一說龍樹菩薩的究竟上師，就是薩惹哈大師，我們可以從龍樹菩薩別解脫戒的傳承中看到，他的比丘戒戒師就是薩惹哈。再以不共的密乘法教而言，龍樹的根本上師也是薩惹哈。

龍樹菩薩之後將此法脈傳給了大成就者魯悉巴，之後傳承陸續為：大成就者雜仁達惹、黑足大師、夏瓦日大師、帝洛巴大師……。

帝洛巴跟隨了四個教派，也就是在四個地方——東、南、

西、北的不同上師。這四個傳承當中，有一位上師的傳承是來自「龍樹菩薩」，有一位傳承是來自於大成就者——「札亞巴」，還有一位大成就者是「拉瓦巴」，最後是源自於一位叫「蘇卡悉地」的空行母。這四位傳承的上師傳的就是那洛六法。那洛六法除了「中陰」、「破瓦法」兩個分支，主要有四個根本法——拙火、幻身、光明跟夢瑜伽。帝洛巴透過這四位上師得到了這樣殊勝的四個法門，然後都總集到他身上。

金剛亥母法的近傳承

1.帝洛巴

近的傳承則是從金剛總持，直接傳予帝洛巴大師。帝洛巴曾說：「我，帝洛巴，沒有人間的上師，我的上師就是遍知！」這裡遍知就是指金剛總持佛。我們看到帝洛巴大師首先具備遠傳承，腳戴鐵鏈苦修十二年，之後究竟證悟，親見和金剛總持無二的金剛亥母時，近傳承就建立了！所以〈金剛總持祈請文〉提到：「金剛總持帝洛那洛巴⋯⋯」，即是近傳承的說法。不瞭解的人，會疑惑怎麼沒有提到龍樹菩薩呢？因此，我們瞭解到，金剛亥母的遠傳承是從龍樹菩薩傳下，近傳承則是帝洛巴親見金剛亥母而傳下的。

密咒金剛乘或者整體藏傳佛教，都非常重視傳承，法脈源流清不清楚很重要。例如以上兩種傳承，即是清淨的傳承，因為兩者的法脈源流都很清楚。同時，我們從中還要看到一個重點，遠傳承非常重要，不然很多人也會說見到某某本尊，然後自稱得到了近傳承，但這並不是清淨的傳承。清淨的傳承要像帝洛巴大師一樣，有近傳承也要具備遠傳承。

帝洛巴能得到證悟，最主要的法門也就是金剛亥母的修持。當時在印度西方的「鄔金淨土」（金剛亥母本尊一個主要的聖地也在此境內的一座山）是密乘非常興盛的殊勝地，帝洛巴祖師在鄔金淨土這個地方一個叫「索瑪布汀」的寺院，待了十二年之久，也在妓院裡面當僕人。十二年間他白天的工作是搗芝麻，晚上就在服侍妓院裡面的這些女生，還在自己的腳上綁上鐵鍊，最後修持有成得到證悟。

當帝洛巴證悟之後，很多人都看到他不同的樣子，有的時候看到的是一位周圍繞著八個沙彌的比丘，有的時候他就還是那個搗芝麻的人。妓院的朋友們聽到帝洛巴是一位成就者都不相信，就跑去問他，此時帝洛巴突然就飛到天空中，這些妓院裡的朋友才真正生起恭敬心和虔敬心向他作懺悔說：「哎啊！我們以前甚至把你當僕人這樣子來使喚，這真的是不對的事。」帝洛巴大師對著其中一位妓女說：「妳不用懺悔，因為現在妳也可以證得跟我一樣的大手印！」接著，帝

洛巴大師唱了一首道歌：「如同精華芝麻油，出於芝麻愚者知，然因不明緣起法，不得提取油精華；俱生原有之本智，雖存眾生心續中，上師未示不能知，如油雖具不得現。如搗芝麻現糠秕，精華麻油得出生；依師教示真如義，悟法無別體性一。嗟呼！長時相伴難測義，當下了知甚奇哉！」唱完他接著說：「雖然芝麻裡面有油的精髓，但是如果你不去搗它，油是無法出現的。一般人可能看到我在做一件普通的搗芝麻工作，但一個真正懂得的人會知道，這就是我五道│地修學的過程。」同樣地，一切眾生都具有如來藏、成佛的精髓，但是你不透過修持的次第，不透過這種證悟的次第去開展的話，是無法顯露的。當他說完這一段話，除了最重要的那一位妓女證得智慧瑜伽女的果位之外，所有當時周圍的這些人也都得到了證悟。

這事件在當時造成了轟動，甚至連國王都聽到了。當地的國王來到這裡想看看怎麼一回事，在故事裡就有記載「當國王還有周圍那些眷屬來到時，看到了帝洛巴祖師和那位名為札姬瑪的妓女同時飛到天上之後，這樣殊勝的景象使得他們也得到了證悟」。當帝洛巴大師得到證悟時，他就親見了「金剛總持」。事實上，「金剛總持」本質就是「金剛亥母」，這也是為什麼噶舉派叫做「近的傳承」，指的就是帝洛巴大師直接親眼見到金剛總持而將這個傳承傳遞下來。

因能直接親見到金剛總持的殊勝，傳下了三種叫做「耳傳珍寶」的傳承，在念誦〈金剛總持祈請文〉的時候，我們會從金剛總持、帝洛巴、那洛巴這樣念下來。因此，這是一個近的傳承，在第一世大寶法王之前是岡波巴，岡波巴之前是密勒日巴，密勒日巴之前是馬爾巴，馬爾巴之前是那洛巴，那洛巴之前是帝洛巴，帝洛巴直接親見了金剛總持，所以，帝洛巴之前就是金剛總持。

來自帝洛巴祖師有兩個傳承：一個是遠的、一個是近的。近的傳承就是他直接親見金剛總持而傳下來。遠的傳承是跟隨這四個最主要的傳承祖師，而得到這四個根本法。

要修密乘的法就得提到「加持的根本是上師」，所以我們要對整個師承很清楚的認識。我們常說手中有任何一個東西或一個產品，質量好不好在於工廠好不好。如果工廠製作過程不太好的話，那這個東西也不會是一個好的東西。所以，整個噶舉派如果有生產線、製作流程的話，當你往回看會看到帝洛巴還有金剛總持，因此可以放心地說，噶舉派的產品跟它的工廠是非常好的！但是你自己用不用這個產品，有沒有好好的來使用，就看你自己了。認識師承是很重要的，瞭解師承與傳承是清淨、無垢的之後，再帶著虔誠的信心祈請，這時候我們就能夠真正得到加持，而且真正能夠快速幫助我們得到成就。

2.那洛巴

帝洛巴大師之後再將金剛亥母教法，完整地傳予了大班智達那洛巴，那洛巴之後再把一切續典口訣，尤其是特殊的俱生母法門，傳給了大譯師馬爾巴。當時，那洛巴大師傳了生起次第的俱生母，同時也傳了圓滿次第的心氣無二法，即是那洛六法的口訣。那洛巴大師讚歎說：「馬爾巴啊，你就是我在藏地的代表。」並且囑咐馬爾巴：「七日後，冬日即過。屆時的初十之日，你要前往梭薩林墳場（現在也稱為哈哈郭貝墳場）， 你將親見到金剛亥母。」

那洛巴大師，是當時印度那瀾陀佛學院五百位大班智達中最殊勝的一位，負責守護北門。當時，每個人都說，全印度沒有比那洛巴大師還要更有智慧、更具備學識的人了。

有一次一大清早，那洛巴大師在那瀾陀佛學院的房間裡讀經，陽光從窗戶照到他的位子時，突然有一道影子蓋在經文上，他抬頭一看，是一位長得非常醜陋、滿臉都是皺紋、拿著杻杖、披著頭髮的老太婆站在他面前。這個老太婆就問那洛巴大師說：「你是很瞭解這個字義呢？還是很瞭解這個含義呢？」那洛巴大師說：「喔！我很瞭解它的字義。」老婆婆聽完手舞足蹈地跳著！當時那洛巴大師心想：「我說我懂文字意思的時候，她就高興成這個樣子，如果我跟她說『我

還懂裡面其中的意義』，她一定更高興！」所以他就說：「其實我也很懂裡面的意思！」

沒想到他這麼一說，那老太婆哭著滿地打滾，然後抓著她自己的頭髮又哭又叫！這時候那洛巴大師就問：「為什麼我說我懂字義的時候，妳那麼開心！我說我懂裡面的含義的時候，妳就哭成那個樣子？」老太婆就說：「當你說你很懂這個文字、詞義的時候，這是真的！因為你是大班智達，你說了實話。但是當我問你，你說你瞭解這個義理的時候，那是騙人的！因為你還沒有得到成就。」乍聽之下，那洛巴大師也聽傻了！他就問：「那麼誰能幫我真正得到成就呢？」老太婆就說了：「你應該往東方去找一位叫做『帝洛巴』的大師，他能夠幫助你證得究竟的成就！」

那位老太婆其實就是金剛亥母。但那時那洛巴大師因為沒有修成就法或本尊法，只懂得文字的意思，所以他看到的就是一位凡夫的老太婆而已。當那洛巴大師回過頭看的時候，老太婆消失了！所以，他當時就下定決心要找到上師，而且沒有請假就直接離開位在印度中部的那瀾陀寺院。

離開寺院後，那洛巴往東方芒噶里（接近現在的加爾各答地區）方向走去，在尋找上師的過程當中，他經歷了十二種大的苦行，還有十二種小的苦行，總共二十四種苦行。當我

們從那洛巴大師的傳記看到他是如何依止帝洛巴祖師的過程時，我們簡直不敢相信，怎麼可能有人受到這麼多的苦行！然而，他之所以經歷這麼多的苦行，是因為他還沒有真正對這位上師生起完全的信心。因為帝洛巴大師有時候示現成大瑜伽者，有時候卻是一個瘋子，有時候又好像一個大惡人，所以使得那洛巴一直沒有辦法完全生起確信！

最後，帝洛巴大師看著那洛巴說：「唉！我怎麼教、怎麼指引，你都不懂！」帝洛巴就拿著他的一隻破鞋子，朝那洛巴的頭上一打，把他打昏了！當那洛巴醒來後，就證悟到大手印的自性，這時才真正得到成就。

那洛巴最終得到了成就，他證悟的過程就是從遇見金剛亥母化身而成的老太婆開始。經由老太婆的提點，他才能找到上師、得到口訣進而證悟。那洛巴大師得到成就之後，就到北印度的「普拉哈里」地區，一直到他圓寂前都住在那裡。

3.馬爾巴

「噶舉派」是藏傳佛教的一個支派，從馬爾巴大師開始，才有「噶舉」的名稱。馬爾巴大師是藏地的一位大譯師，同時也是一位大成就者。他曾經到印度三次，前後總共住了二十一年之多。在印度這段期間，他依止的善知識與上師簡

略來說有十三位，其中特別的具恩上師是大班智達那洛巴大師。

我們看到馬爾巴大師的傳記當中，他曾經前後跟隨那洛巴大師有十六年又七個月之久，廣學四部密續以及耳傳的密法。四部密續（簡稱四續）就是指事部、行部、瑜伽部、無上瑜伽部。其中「無上瑜伽部」主要有四位本尊——喜金剛、密集金剛、瑪哈瑪雅（大幻化網）和勝樂金剛。耳傳密續的特殊本尊是「金剛瑜伽女」或稱為「金剛亥母」。

對馬爾巴大譯師來說，「金剛亥母」是特別的耳傳的本尊。因為他的上師那洛巴大師曾說：「一般的四續乃至無上續的本尊，就連一般的密乘行者，都可以得到；但是金剛亥母的本尊，我是特別給你口傳，這是一個特殊的耳傳殊勝法門」。馬爾巴大譯師除了學到密續之外，還有修習到噶舉派殊勝不共的法門——「大手印的禪法」。真正或究竟的大手印的內涵可以說就是「樂空不二」，為了要證知「樂空不二」，假如沒有具備無上瑜伽以及大手印的修持的話，是無法修持的。所以，對於一位噶舉耳傳的行者來說，假如在修持密續的大手印禪法，就一定要配合「生起次第」跟「圓滿次第」來修。

在進入「圓滿次第」之前，首先要具備「生起次第」，生起

次第要觀修的本尊是「金剛亥母」，圓滿次第指的是「那洛六法」。那洛六法最主要的修法是「拙火」，「拙火」的本質指的也就是「般若佛母」。「金剛亥母」跟「般若佛母」這兩者的關聯是非常緊密的！馬爾巴大師跟隨那洛巴大師長達十六年又七個月之久，在這當中，他最主要學習的就是「生起次第」的「金剛亥母」法門，以及「圓滿次第」的「那洛六法」。

馬爾巴聽從那洛巴的囑咐去墳場祈請金剛亥母時，他見到了一位婦女，手持鉞刀剖開自己的胸腔，從其中展現出殊勝耀眼的金剛亥母壇城。馬爾巴親見此景，當下得到了近傳承。之前從遠傳承得到的金剛亥母四種灌頂的加持，也在此時從這位金剛亥母化身的婦女身上，得到了圓滿。

馬爾巴同樣身具遠、近兩種傳承。遠的傳承，是從帝洛巴、那洛巴傳下；近的傳承，則是直接從金剛亥母而得。馬爾巴在他的一首道歌中說：「我從俱生母的心間，親見到了阿輸迦咒的壇城，如同鏡中影像一般，竟是如此清晰、殊勝！」

馬爾巴上師在印度求法二十一年聞思修的過程中，他將很多精髓都翻譯成藏文，之後他將這些法教帶回藏地，傳給四柱弟子——四位最主要的弟子。他將其中殊勝的大手印傳承，傳給四柱中的密勒日巴尊者。密勒日巴尊者示現乞丐的樣

子，但是卻聞名四方，他一生所修持的主要是跟隨馬爾巴譯師所傳承下來的，除了無上續的這些本尊法之外，還有最重要的生起次第的俱生母（也就是金剛亥母法），還有圓滿次第的那洛六法。

4.密勒日巴

密勒日巴完全按照馬爾巴上師所教導的方式修持，因此他在一生當中就圓滿成就。密勒日巴在修行過程中也吃了非常多的苦，因為他的上師有的時候叫他去蓋房子，有的時候叫他去拆房子，所以他經歷了非常多的苦行。但是，我們看到這樣子的師徒關係是非常殊勝的！他的上師馬爾巴尊者是已經證悟的一位成就者，而這個弟子密勒日巴尊者是即將證悟、精進修持的一位弟子，當這樣的師徒會聚的時候，苦行就具備著非常深刻的意義！

反觀現在我們的一些修持，甚至根本沒有真正投入修持，那更不用說得到任何的成就。密勒日巴尊者學習了生起次第、圓滿次第，其中主修的是圓滿次第及那洛六法當中的拙火。當時，他都是在雪山閉關修持的，那個地方沒有食物，甚至也沒有衣服，他便是因修得拙火成就而獲得幫助。如果你真正得到拙火的成就，是不會餓也不會冷的。

拙火雖然是圓滿次第的法，還要依靠生起次第，而生起次第依靠的本尊就是俱生母，也就是金剛亥母。所以，我們也可以說，密勒日巴尊者能夠在一生當中成就，整個修持的基礎，也就是生起次第的俱生母——金剛亥母。我們常常提到「那洛六法」——「六法」這樣的一個詞，就是從密勒日巴尊者開始用的。因為之前有各種不同的法，是他將這六個匯集在一起並名為「那洛六法」。

5.岡波巴

密勒日巴尊者傳法給岡波巴時問他：「你這位噶當派的大師，有接受過灌頂嗎？就算你接受過一些噶當派的灌頂，還是要接受我這個殊勝不共的灌頂。」說完就賜予金剛亥母的灌頂，也就是傳授了生起次第的俱生母法和圓滿次第的那洛六法。之後，岡波巴大師將此法傳給了第一世大寶法王杜松虔巴。

6.杜松虔巴至第十六世大寶法王

岡波巴大師授記杜松虔巴說：「兒啊！你要前往康區的岡波雪山閉關。之後，利益眾生的事業，將遍及整個藏區。」第一世大寶法王之後又將此法傳給了他的弟子——司徒卓昆仁千。之後此法的灌頂、口傳和教授，不間斷地傳到第十六世

大寶法王。

我當年即是跟隨第十六世大寶法王，得到了金剛亥母的灌頂。之後進入閉關中心，跟隨殊勝的閉關老師——達桑仁波切，再次完整得到了金剛亥母的灌頂、口傳和教授。然而這並不代表我就具有特殊能力，能夠馬上給予各位什麼力量，只是我想藉由以上的說明，讓各位瞭解傳承的殊勝和法脈的正確性。我自己對此傳承，也具備了極大的信心，因此也具有清淨的三昧耶戒。在此基礎之上給予灌頂，我相信能夠帶給各位利益的。當然，我沒有任何近傳承，但是我想具有清淨的遠傳承，也就足夠了。

7.第十七世噶瑪巴

雖然，每個人都可能具有各自的一位根本上師，但是從整個噶舉傳承來說，第十七世大寶法王鄔金欽列多傑，是我們最主要的一位上師，同時他也就是金剛亥母。可以說，和我們直接建立起法緣的上師，就是第十七世大寶法王。之前的歷代祖師，他們都是幾百年前過去的人了，但是真正我們能夠直接接觸、看到、感受到的，就是現在的第十七世大寶法王。

當我們在修持密乘的法門時，尤其像無上瑜伽法的時候，隨

時都要祈請歷代祖師的加持，我們從金剛總持、帝洛巴、那洛巴……一脈祈請下來。因此，對於傳承的瞭解，是非常重要的！

02

金剛亥母簡軌介紹

想要修持金剛亥母法的人，可以選擇廣本儀軌，或者可以修持日修的簡略儀軌。我們學習的這部日修簡軌，文字不多，內容卻是非常深廣的。儀軌（藏文直譯為「成就法」）當中，次第告訴我們各個觀修的步驟，然而比起觀修的方法，瞭解內涵是更加重要的。

關於此法的儀軌，如同前面提到是由帝洛巴大師傳給了那洛巴。前者當時授記說：「此部金剛亥母俱生母法門，代代口耳相傳，不立文字。直到第十三代之後，就會開始廣傳。」那洛巴、馬爾巴之後的第十三代祖師，就是第四世大寶法王若佩多傑的弟子、第五世大寶法王德新謝巴的上師——卡卻旺波。如同授記一般，卡卻旺波首度結集並且編撰了金剛亥母的儀軌。他將馬爾巴大譯師當年從印度求得的金剛亥母續典，還有相關的實修口訣，完整彙編成為外修、內修、密修

的金剛亥母修持儀軌。

噶瑪噶舉傳承的閉關中心當中，修持金剛亥母的程序大致相同。第一年主要修持加行和上師相應法，第二年開始，就會完整地修持金剛亥母的生起次第法門，次第的順序為外修，內修到密修。尤其持誦咒語的部分，會有特別的要求，分外嚴格。一般而言，傳統三年的閉關都會結界，完全斷絕跟外界的關係，外面的人不能進來，裡面的人當然也不能出去。尤其到了金剛亥母修持的時候，就連在裡面閉關的行者，互相之間也是不能說話，都是禁語的。

在閉關中心修持金剛亥母的時間，外修要修四個月，內修因為比較重要，觀修也比較複雜，所以要六個月，密修和內修有比較密切的關聯，所以修持約一個星期。另外，為了補足咒語的持誦和觀修，要舉行火供，如果有十個人修法，就需要十天，再加上自入的儀式，所有時間加起來，大致就是一年。一年的時間當中，需要修持金剛亥母的外修、內修、密修和羯磨儀軌，這是廣軌，也是比較嚴格的。

現在的日修簡軌，完全包含了外修和內修的內容。它只是文字精簡，但一切要義都在其中。由於包含外修和內修的內容，所以含義是既深且廣的。在此我不會逐字講解，而是做一個概說，幫助大家觀修時能夠更清楚，以後修持起來也容易。

加行法：積聚資糧

接下來要簡略地講解觀修次第的正行，在這之前需要從加行法入手。正行指的是主要的道法，正行法是為了讓我們能夠生起證悟，但是如果沒有透過加行清淨覆障的話，也很難馬上生起證悟。所以清淨覆障最好的方法是什麼呢？就是積聚資糧的觀修次第。所以這個法本最開始，也就是積聚資糧。

積聚資糧要具備三個部分：供養的對象、供養者（我們自己）、供養的方式。為了要積聚資糧，首先要有供養的對象，也就是積聚資糧的對象——金剛瑜伽女。其次供養者也就是我們自身。第三是供養的方式，即——

明觀自身為金剛瑜伽女的心間「舍ᰍ」字放射光芒，
迎請上師金剛瑜伽女、佛與佛子至前方虛空中。

1.觀想自己是本尊

明觀自身為金剛瑜伽女的心間「舍ᰍ」字放射光芒

供養的方法首先要「自生本尊」，就是「明觀自身為金剛瑜伽女」——金剛亥母。在密乘裡當我們要作供養時，要將自己觀想為本尊，而不是凡夫身，也就是要觀想自身為金剛亥母，同時也要明觀我們的前方有金剛亥母。在金剛乘裡常

常強調要觀想自己就是本尊，這是因為密乘的教法強調要將果轉為道用，而不是將因轉為道用，由此我們可以看到密教跟顯教不同的地方。密教在供養時觀想自己為金剛亥母的本尊，這是在果上來修的一種方式。

首先要觀想自己是金剛瑜伽女（金剛亥母），這時你不再是凡夫的樣子了，而要觀想自己就是金剛亥母。為什麼要作這樣的觀想呢？因為在作供養的時候，如果自己是以一個凡夫身作供養的話，福德會比較小；如果觀想自己是本尊身而作供養的時候，福德是更大的。

明觀，是指剎那間、彈指間就要觀想清楚。要怎麼樣才可以在一彈指或一剎那間來觀想？就像水中的魚一剎那間躍出水面時，剎那間顯現出的樣子，同樣地，我們也是要在剎那間觀想自身就是金剛亥母。

2.放光迎請供養的對象

迎請上師金剛瑜伽女、佛與佛子至前方虛空中

接著心間的「舍以」字放射光芒，為什麼要放射光芒呢？因為你要迎請供養的對象，也就是佛菩薩們前來，然後向祂們作供養，如果沒有供養的對象，供養就不會圓滿。所以，我們迎請上師金剛瑜伽女，這句話的意思是金剛亥母和我們的

上師是無二無別的；同時還有迎請諸佛菩薩來到前方虛空，心中要想：祂們真的就出現在前方了，這即是以相信為道法的觀修法。

供養者——自己，就是金剛亥母；被供養者——迎請來的對象，也是金剛亥母，在密乘裡這就是在果上修，意思是以果為道。一般而言，可以分為因上修和果上修兩種，密乘是以果為道用，顯乘則是以因為道用。所以這裡以果為道用的時候，意思是說自己以果位的相貌——觀想自己為金剛亥母，然後向金剛亥母作供養。

我們要迎請上師及與上師無二無別的金剛亥母尊，還有周圍圍繞的十方三世一切的佛菩薩，來到我們的前方虛空中。所以，這一段就是要觀想我們供養、積聚資糧的對象，還有觀想自身是金剛亥母，然後迎請一切諸佛菩薩。

3.迎請

班紮薩瑪紮

接著，要念誦這個咒語，這是梵文，意思是迎請。

4.三種供養——外供、內供、密供

嗡班紮 阿岡 巴典 布貝 杜貝 阿洛給 根碟 涅威碟 夏達 巴帝

札耶 梭哈

班紮阿密達阿吽　班紮瑪當幾阿吽

講到積聚資糧，其中一種方法就是供養，接著的這段咒語當中，分別有外供、內供和密供三種。首先這一句是外供，也是梵文，這是一般我們所謂的八供。

嗡班紮以下的咒語是積聚資糧中供養的方式，可以分為供養與讚頌兩個部分。「供養」有外、內、密三種供養，「嗡班紮 阿岡 巴典 布貝 杜貝 阿洛給 根碟 涅威碟 夏達 巴帝札耶梭哈」是外的供養，「班紮阿密達阿吽」是內的供養，「班紮瑪當幾阿吽」是祕密的供養。透過外、內、密的供養，觀想從自己本尊金剛亥母的心間，變換出非常多的供養天女，然後次第來作外、內、密的供養。在念外供養時要結供養的手印，當我們能夠配合身體、手勢的手印，再加上語言文字的念誦，還有我們心裡對於供養意義的觀想，這就是將身、口、意結合為一的供養方式。

「嗡班紮」的「嗡」這個音，是在每個咒語的起頭都會放這一個咒字，「班紮」代表金剛，也就是祕密金剛乘。所以，這是金剛乘的咒語，在每一個供養之前，都會加一個「班紮」。「阿岡 巴典……涅威碟 夏達」是梵語，代表八供。八供各有其含義：「阿岡」是喝的水，「巴典」是鹽

洗、洗漱的水，「布貝」是花，「杜貝」是香，「阿洛給」
是油燈，「根碟」是香水，「涅威碟」是供食、食子，「夏
達」是聲音、音樂。八供接下來的「巴帝札耶 梭哈」是請
受用、請納受的意思，同時念到這裡也會一彈指。這一段就
是外的供養。

「班紮阿密達阿吽」是內的供養，也是梵語。「班紮」是數
字的五，「阿密達」是甘露，也就是五種甘露的意思。因
此，內的供養就是供養五種甘露，五種甘露也是一種祕密的
意思。我們在解釋密乘的文字時，可以從四種不同的層面來
解釋一個詞：一種是字面上的解釋，一種是總義的解釋，一
種是祕密義的解釋，還有一種是究竟義的解釋。這裡的「班
紮阿密達阿吽」（五種甘露），是以祕密義的意思來解釋，
所以是不能夠對一般大眾來講說，只可以對特殊的弟子作講
說，在這裡就不再多解釋了。當我們念這個咒語的時候，也
要有手勢及手印，意思是點了這五種甘露之後，將它們供養
出去的意思。在密乘裡有分母續與父續不同的續典，母續大
部分的動作都是用左手作一些手印、供養等等，而不會用到
右手，為什麼要用左手，然後以左手的無名指會點、供養，
這也都是密義的部分，這裡也不多講。

「班紮瑪當幾阿吽」是祕密的供養，也是梵語，意思是樂空
不二的供養。「班紮」的意思是金剛，在金剛乘裡會用到這

樣的詞，「瑪當幾」也是密義的部分，是結合的意思。在念
這個咒語的時候，也要結手印。所以，在作供養的時候，要
從外、內、密三者來作供養還有結手印。

總結以上幾個部分，第一個是觀想自己是金剛亥母，還有觀
想前方也有金剛亥母，再來是作外、內、密的供養。這裡都
有一個重點，就是相信：相信自己就是亥母，真的前方有亥
母，自己真的在作供養。

5.讚頌

艾瑪霍 稀有勝妙法 三時一切佛，身語意自性，
輪涅妙德具，禮讚噶舉寶。
上師佛陀上師法，上師具德金剛持，
一切作者即上師，禮讚一切上師眾。
具德金剛空行母，空行母之統御者，
五本智與身語意，禮讚救護有情者。

供養完之後就是讚頌。這一段是向上師還有金剛空行母等等
作禮讚。第一個偈文是禮讚傳承祖師，第二個偈文是讚頌
上師，第三個偈文是禮讚金剛亥母主尊及其眷屬。跟之前一
樣，我們觀想前面虛空中出現有上師、金剛亥母和所有聖
眾，是誰在讚頌呢？是自己——金剛亥母在讚頌。

6.一般的供養次第──皈依、發心、七支供養

皈依勝三寶，懺悔惡不善，

隨喜眾善行，意持佛菩薩，

直至菩提際，皈依佛法僧，

成就自他利，發起菩提心，

生起殊勝菩提心，宴請一切有情眾，

菩提勝行歡喜行，為利眾生願成佛。

接下來是一般我們平時都會作的供養，順序是皈依，發心，
然後是七支供養。文中提到要念三次，如果有時間的話就三
次，沒有時間的話就一次。

7.融入自身

福田境融入自身

「福田境」指的就是皈依境，融入有幾個步驟：第一個是前
方上師金剛亥母和聖眾的福田境，融入到自己金剛亥母的身
體。融入之後，安住於無所緣的禪修，接著要想自己又成為
本來的凡夫身形。

一般而言，我們在作積聚資糧修持的時候，一定要具備三
輪。三輪的第一個就是供養者，就是自己，自己是金剛亥

母。第二個是供養的對象，也就是前方的金剛亥母和聖眾的福田境。第三個是供養的方式，例如外、內、密等等不同的供養方式，同時還有讚頌。以三輪的方式而作的供養，是積聚福德資糧，而福田境融入自身的時候，三輪體空——供者、供境、供養本身三者合一，這時就是積聚了智慧資糧。

8.發四無量心

願一切眾生具樂及樂因，
願一切眾生離苦及苦因，
願一切眾生不離無苦之妙樂，
願一切眾生安住無有親疏愛憎之大平等捨。

接下來是發四無量心，也就是發起慈無量、悲無量、喜無量、捨無量四種無量心。什麼是慈心呢？就是願一切眾生具備快樂還有快樂的因。悲心是指希望一切眾生都能離開痛苦還有痛苦的因，喜心是指願一切眾生不離開這種無苦的妙樂，最後一個捨心是指平等對待一切眾生，沒有親疏、愛憎的分別。這是四種觀念、四種思惟的方式。一個人總是想著自己的時候，就不會具有無量心，只有心中想著一切眾生的時候，才可以稱作無量。所以，每一句的開頭都有「願一切眾生」的文句。以上講完了加行的部分。

正行——外修

嗡 梭巴哇須達 薩哇達瑪 梭巴哇須埵 沆
空性之中化三界，一切法生越量宮，
其中蓮花屍身上，自心舍_以字放光明，
供聖利眾復回攝，自身化成瑜伽女，
唯一法身具一面，方智雙運具二臂，
摧伏魔軍怒顰眉，齜張獠牙緊咬唇，
身紅三圓目閃耀，赭髮直豎披垂散，
五骷髏冠為頂嚴，行蘊清淨之自性，
五十鮮顱頸鍊垂，花鬘鈴鐺為嚴飾，
六度骨飾五手印，手持鉞刀盛血顱，
骨質天杖倚手肘，左足伸展施妙舞，
熾光遍耀三千界。

正行——內修、密修

哈惹尼薩四字化⋯頂藍金剛空行母，
喉黃珍寶空行母，心紅蓮花空行母，
臍綠事業空行母，各持杵寶蓮與劍⋯
所誌鉞刀及顱器，持倚天杖如其序。
卅二、十六與八尊，六四眷屬眾圍繞。
自身密處法生中，舍_以與四尊空行眾，

心間四字放光明，從鄔金境作迎請，
瑜伽母眷虛空住。

以上就是金剛亥母內修法要念誦的文字，事實上，在密修法
的部分，也是要念這段文字，但是在觀想的部分卻是不一
樣的。念完內修的部分然後作觀想，再念一次後作密修的觀
想。

領受成就

彼諸身化無數身，融入自身暖樂生；
語出「阿利嘎利」聲，融入自口勢力生；
心降菩提心甘露，入自心生樂空定。
諸尊一一融自身，無二部主為頂嚴。

觀想金剛亥母的身、語、意，也就是要領受成就及加持。觀
想時能要清晰觀想，具備「生次三相」──生起次第觀想
時，一定要具備的三個特質、三相，這才是圓滿、如法的生
起次第。所謂三相：第一相是清晰，第二相是穩固，第三相
是清淨。專修金剛亥母的行者，要好好去閱讀一些金剛亥母
的註解本，裡面會有很清楚的解釋。

念誦瑜伽

祕密法生四瓣蓮花中，「舍ᵢ」與瓣上「哈惹尼薩」字，
咒鬘左旋圍繞「舍ᵢ」字旁，成辦諸利咒輪放光明。

念誦瑜伽，也是這整個修持最重要的正行部分。「念誦」指
的是持誦咒語，有四種不同的念誦方式：第一種是念出聲
音，第二種是心上來念誦，第三種是默念（默念跟第二種心
上來念滿相似的），第四種是金剛念誦，主要是持氣，配合
氣息一起持咒的方式。在修法時，最重要的是第二種——心
上念誦的方式。咒語也分為三種：一是密咒，二是真言咒，
三是明咒。由於金剛亥母的咒語是屬於密咒，因此是需要心
中來念誦的，一般來說，可以念出聲音的咒語，指的是明咒
或真言咒。在念誦瑜伽持咒、計算數字的時候，要作如上的
觀想。

依「三無住」而持咒

盡力依「三無住」激勵要點而持咒

「三無住」的第一個是「身無住」，就是身體不要停滯不動
的意思，而是要自然地搖動，也就是一邊持咒的時候，身體
一邊要自然地搖動。第二個是「語無住」，就是你要不停地
持誦這個咒語。第三個是「心無住」，就是你的心要非常專

注在所緣境上。三無住最主要的意思，就是告訴我們要捨棄掉你自己平凡的、世俗的各種身、口、意的驛動。無論修持任何的本尊，最重要的部分就是持誦咒語。如果我們能把握住這三種無住，抓到這些要點然後持咒的話，就可以幫助我們減少各種禪定的障礙，例如昏沉跟掉舉。

第一個禪定時的障礙是昏沉，你會覺得很無聊，然後想睡覺，提不起精神。第二個禪定時的障礙是掉舉，就是有非常多的妄念，譬如說想著過去，想著未來，或者突然間生起情緒來，很生氣、心情不穩定等等的情況。持誦咒語時，如果能把握住這三種無住，各種禪定的障礙也都會減少。很多人到了持咒這部分的時候，就會開始想睡覺了，因為這時身心放鬆，邊持咒邊打瞌睡，然後口水就滴下來，這樣子的修持是沒有太大的意思。所以，三無住真的是非常重要！

以前有一個閉關的人，到持咒這一段他就睡著了，他往前倒下去時頭就靠在經書上，醒來以後發覺經書有一頁不見了，一直到處找，看了半天發現頭上怎麼有一個東西在飄，結果就是那頁經文黏在他的頭上。所以，如果你睡著了，沒有把握住三種無住又昏沉的時候，還會有找不到經書的問題發生呢！

很多人特別在持咒時，記憶會變得特別清晰，掉舉妄念也特

別多。譬如之前你可能掉了一個東西，怎麼想都想不起來，一開始持咒，心靜下來之後，發覺越想越清楚、越想越清楚……乾脆就站起來跑去一看：「喔！原來這個東西在盒子裡啊！」曾經也有一位閉關的喇嘛，他一直想不起來曾經把一筆錢借給誰，偏偏在一邊持咒時想起來了：「喔！原來就是那個人。」如果我們在持誦咒語這一段，沒有把握住這三種無住的話，很容易就會有昏沉或掉舉的情況，這樣子持咒、觀想，就沒有太大意義了。

這裡提到的「三無住」，可以說是在修金剛亥母的特殊用詞。其他一般的經典會告訴我們，身體要保持不動，但是在這裡卻說要搖動。雖然說身體要搖動，但請不要劇烈的搖動，萬一昏了或吐了就不好。這種搖動是輕微、自然的，不需要很刻意，同時你專注在所緣境上，放輕鬆卻同時專注地搖動。如果有一點昏沉的時候，可以稍微搖動得大一點，這樣可以幫助你不昏沉。所以，我們要保持這三無住的要點。

持咒

嗡 班紮 貝若紮尼耶 哈惹尼薩 吽吽呸梭哈

大眾共修的時候，會有一位維那師，持咒的話他會先從「嗡班紮 貝若……」起一個頭，然後就越來越小聲，接著各自

就開始心中默念，不要念出聲音。最後要念完結尾的時候，這位起腔的維那師，又會念最後的幾個字，代表結束了。我們就這樣來做，就是心中念。

圓滿次第

密處「舍ㄧㄨ」字光明照情器，化光融已復次融「舍ㄧㄨ」字，「舍ㄧㄨ」收明點漸化為「那達」，超越融入無緣空性中

於一座法最後，有圓滿次第跟結行的瑜伽。圓滿次第就是將之前生起次第時所觀想出來的部分，一個一個收攝、融入。之前內文提到觀想是逐漸開展出來的，譬如說從「舍ㄧㄨ」字開始，然後觀想放光、觀想身形、觀想眷屬等等。最後到了圓滿次第的時候，就要一個一個次第的收攝和融入回來。

生起次第最後需要圓滿次第，原因是生起次第的作用是創造、觀想出各種東西，但如果以為這些是真實的話，就會落入常見，為了要消除我們這種以為它是恆常、是真實的這種見解，所以我們要觀想圓滿次第——也就是以上這一段文字。

盡力安住於大印自性中

住已自覺光明無造作⋯心之本質覺空赤裸現

圓滿次第的最後這兩句，就是「盡力安住於大印自性中」。大印自性指的就是自覺光明、無造作的心的本質，也就是覺空不二的本質。當我們在這裡安住於大印自性的時候，並不是昏暗一片的，也不是空空的一片，我們要對真正的大印自性，有一個清楚的瞭解，也就是你要對「明空不二」這樣的詞句有一個理解。在生起次第的時候，是顯空不二；在圓滿次第的時候，叫明空不二。因此，心之本質的這個覺空，它指的是安住在這個明空不二當中。在這個時候，你要盡力的（五分鐘或者多長時間）安住在這樣的大印自性中。有的人會覺得可能時間越長越好，但如果時間十五、二十分鐘或更長，但是心卻是在計畫著未來，或者是回想著過去的話，這樣子也沒有安住在大印自性中。最重要的是把握住這顆心，保持清晰、明晰的狀態。

這樣的觀修法在生起次第時，稱為戲論的觀修法；圓滿次第時，稱為離戲的觀修法。如果我們修法到圓滿次第就結束的話，也是不行的，因為這樣子又會讓我們落入到斷邊去，圓滿次第最後的部分是結行。

結行

後得如魚躍水化顯者，薄伽梵母如幻之化身，
直至輪迴諸有利眾生。食物護摩獻供身壇城，

睡眠光明法身瑜伽顯，著衣真言鎧甲相好嚴，

行住向於壇城者環繞，醒夢睡貪任何之時等，

四身瑜伽幻相中遊戲。

這一段稱為後得，也可以叫出定之後的階段。入定是在座中修時的生、圓二次第，也就是戲論的生起次第，跟離戲的圓滿次第。對於我們來說，這種日常生活的後得（或稱結行）的修持，是很重要的。因為一天二十四小時當中，我們可能真正在座中或者在定中的修持，最多一個小時，已經算不錯了，但其他二十三個小時可以說都在其他的行住坐臥當中，做的就是醒夢睡貪這樣子的事情。如果出定之後，能夠把握住日常生活中，也就是後得的修持的話，雖然一天只有一個小時在座中或者在定中修，但等於一天二十四小時都在修持了。密勒日巴尊者說：「吃著吃著禪修，走著走著禪修，睡著睡著禪修，站著站著禪修。」如果我們能夠做到後得禪修的話，就跟密勒日巴尊者所說的禪修方式是一樣的。

什麼是密勒日巴尊者所說的「吃著吃著而做禪修」呢？就像「食物護摩獻供身壇城」，進食的時候就像在作護摩火供一樣，你在獻供你自己的身壇城。這樣子的結行，或者日常生活的行持，是非常重要的。

迴向

無餘眾生以此善結合，金剛薩埵長樂之悲智，

是故無死經由內之道，祈賜金剛行之佛果位。

以上就是金剛亥母觀修法的次第。如果是修廣本，或者真的金剛亥母的正行修持，關於外修、內修跟密修就會講解的更多更廣。在很多的經教裡面都有提到，如果你能夠如法的持誦圓滿外、內、密金剛亥母的數字，都會有殊勝的徵兆！

殊勝的徵兆指的是三種聚集的徵兆。第一種聚集：白天的時候，自然就會有人聚集在你周圍。第二種聚集：食物自然會聚集，是指在太陽下山的時候食物會聚集。第三種聚集：夜間的時候，神鬼眾會聚集，但並不是指夜間時這些鬼都聚集過來，而是指神鬼會變成是你各種佛行事業的助緣跟友伴前來護持。我的感覺的確有一些專修金剛亥母修得很好的行者，真的會有這樣的能力。他不需要特別做廣告宣傳、不需要去公告等等，自然很多人都會前來跟他親近，這些人來的時候也並不是空手而來，他們都會帶東西，也就是第二種食物或各種東西自然的聚集。在夜間的話，也會有各種的鬼神眾前來護持他的各種佛行事業。我們會看到的就是弘法或者在佛行事業上是沒有任何障礙的。

這些就是金剛亥母修持非常好的成就徵兆，有的人會以為

——啊！是不是成就徵兆就是我可以見到金剛亥母，還可以跟祂一起吃飯、喝茶、聊天，我想那些應該不是太重要。這三種聚集，可以說是金剛亥母修持成就的小小的徵兆而已，事實上還有許多其他的徵兆，如果各位能夠好好修持金剛亥母，相信都會有殊勝的利益！

03

密乘修持應具備的條件

接下來進入到正行——生起次第，也就是觀想部分的正行，這裡要解釋什麼是生起次第相關的內容。

輪迴的投生方式

正行的文字只講到了有關觀想的部分而已，並沒有提到為什麼要作這些觀想？還有生起次第的意義是什麼？總言之，一切的萬法，可以說都由輪迴和涅槃包括了。輪迴如果從不同的道來說，可分為六道，要如何投生到六道呢？便是透過四生——四種出生的方式，除此之外，並沒有其他的方式。四生就是卵生、胎生、濕生跟化生，在密乘裡這四生是很重要的，因為密乘裡提到我們所要清淨的東西就是這四生。

具備六界的密乘行者，必須要是胎生。人類都是胎生，不會是其他的三種；歷史上記載有那麼一、兩個非胎生的特例，

但還是需要進一步去考證才是。印度曾經有一位國王，名叫自乳輪王，他有五百個孩子。這五百個孩子，是怎麼樣出生的呢？首先國王的頭頂上，長了很大的一顆瘤，有一天腫瘤破掉，出現五百顆蛋，之後就孵出了五百個孩子。

這是一個卵生的故事，想想如果自乳輪王出生在現代，科學家們可能興趣就來了，可以好好研究一番。再來談到化生，它的代表就是蓮花生大士。雖然寧瑪派的典籍中，有的說蓮花生大士不是蓮花化生而是胎生，一般都認為蓮花生大士是化生。總而言之，人類主要是胎生的，化生、濕生或卵生的情況非常稀少。

具備六大

能夠修持密乘的行者，是很有福氣的，因為密乘行者需要是「六界具備」的珍貴人身。一般而言，能夠修持南傳的人身，已經很難得了，而能夠修持大乘的八有暇、十圓滿的暇滿難得人身，更是非常難得，因此應該好好把握，用來做有意義的事情。以密乘而言，會形容我們的人身是佛的壇城，因為我們的身、口、意的清淨本質，和佛菩薩的身、語、意是一樣的。

能夠修持密乘的一位行者，首先他自己必須是具備六大（或

稱六界）這樣的一個人。六大就是地、水、火、風、空、法（心識），當我們說一個生物具備這六大的時候，就一定是屬於胎生的這種生物，不會是化生，也不會是濕生，也不會是卵生，一定是胎生。

六大可以分為內在的與外在的，胎生所具備的六大是指內在的六大，而不是外在的。六大是地、水、火、風、空、法。地大，代表的是我們身體的肌肉；水大，代表的是血液；火大，代表的是我們身體的溫度；風大，代表的是我們氣息的流動；空大，代表的是我們身體裡很多的空間，譬如器官之間會有很多空間等等；法，代表的就是我們的心。

因此，具備六大的生命，出生的方式是什麼呢？就是胎生，不會是濕生或化生。要修學密乘教法的人、一位行者，一定要是具備六大的有情，如果不是的話，將無法修持密法，或者即使修持也不會有力量產生，也不會圓滿。

氣、脈、心的關聯

我們的身體在母胎當中，慢慢地形成、長大，這一切是從「脈」開始，最開始的脈非常細小，可能像馬尾巴那麼細，但是逐漸會長大，就形成了身體。藏語當中，看一個人傻傻、笨笨的，會說他「少根筋」，這裡的筋跟脈，藏語裡是

同一個字，也有人把藏文的「꽃」（也就是脈）翻譯成「神經」。由此可知，身心的關聯性是很緊密的，就好像說一個人少根筋時，就代表這個人好像哪裡不太對勁喔，所以筋脈要健全，這一點很重要。當一個人的經絡、經脈都健全的時候，身體的氣自然就能運行無阻，氣順的時候，心就會穩定和清明。相對地，如果少一根筋的時候，氣就可能不順，就會影響到他的心智。

舉個例子會讓我們清楚瞭解身心的緊密關聯，就像我們生病的時候，主要的問題大都出在我們氣脈的某個部分有了損傷，由於脈的力量變得微弱，會讓我們流動在脈中的各種氣息、風息的力量也減弱或不順暢，同樣也就會影響到自心。這時，可能妄念會比較少，但是另外一個感覺就是會無精打采的，這一切都跟我們身體的脈有關係。所以，一個健康的人，他的氣脈是通順的、健全的，氣行順暢自然就會神清氣爽，很有精神，因此做起事來，也會有精神和歡喜。由此可知，經脈有多重要！我們的身體、語言和心理，如果能夠有健全的氣脈為基礎，自然就會有一個健康的身、語、意。這是非常重要的！

具備圓滿氣脈力量的有情，就是具備六大的有情。相較於其他的眾生，譬如說其他卵生、化生或濕生的眾生，雖然它們的身心也有一定程度的關聯性，但是這些眾生的經脈不像我

們胎生的眾生，那麼健全跟圓滿，所以無法像胎生的眾生有這樣子的力量產生。因此，我們說修持密法，需要具備的第一個條件就是，你所依的人身是具備六大的人身。但是，胎生的有情眾生也會有不健全的情況，像是聾啞人士，他們身體某部分的脈功能不健全，影響到風息的運作，可能使風息不順，或者無法運行到該到的部位，即便心識是清楚的，但是這樣就會造成某些功能的喪失而成為聾啞。

這裡的關鍵就在於脈、氣、明點和自身的深厚關聯性。成佛是什麼意思？是指我們自心的清淨本質得以開顯。成佛並不是把自心丟到某處，然後得到一個新的成佛的心；成佛是指自心的完全開顯。因此，自心即是如來藏（明點），語即是氣，身即是脈。所以，自身被稱為佛的壇城，因此所謂能夠修持密乘的具備六界的人身，需要圓滿具備脈、氣、明點三個部分。

密乘修持的四個要點

整個密乘的教法，都會提到四個部分。第一個部分就是我們清淨的基礎是什麼？第二個我們要清淨的對象是什麼？第三個清淨的方法是什麼？第四個清淨的成果是什麼？也就是：清淨的基礎、所清淨的對象、清淨的方法還有清淨的果實。

想要修持密乘，必須先要對於密乘的「淨基」──清淨的基礎、「能淨」──清淨的方法、「所淨」──被清淨的對象和「淨果」──清淨之後的成果，有一個確切的瞭解。修持生起次第、圓滿次第的淨基，就是具備六界的人身；所淨，是之前談到的遍計我執和俱生我執；能淨，就是有造作的生起次第，和無造作的圓滿次第；淨果，是指脈清淨時的身金剛、氣清淨的語金剛和明點清淨的心金剛；這三者同時的清淨，被稱為本智金剛。

1.清淨的基礎──人身

當我們在作生起次第觀修的時候，我們要先清楚一個問題，就是修持生起次第的基礎，也就是清淨的基礎是什麼？這裡的答案就是，由六大匯聚而成的人身。只有具備六大的人身，才能修持生起次第法。

2.清淨的對象──凡夫的執著

第二個所淨的對象，應該是什麼呢？就是凡夫的心識，執著有一個「我的」凡夫的心識，這是我們要清淨的對象。為什麼平凡的心識，是我們要清淨的呢？因為所謂的平凡心，或者凡俗之心，指的就是我執。什麼叫做有一個我？就是執著這樣一個五蘊和合的身體，執著一個六大所聚集而成的人

身，你以為這個就是我，當你有了這種強烈的我執，依靠這個我執就會貪著各種的外境，各種的色、聲、香、味、觸，所以就產生了各種輪迴的情況。

3.清淨的方法——生起次第的觀修

第三個所淨的方法是什麼？我們要如何來清淨這種我執呢？就要透過觀修本尊。觀修本尊有「自生觀想」跟「對生觀想」，自生觀想才能真正對治跟清淨我們的我執，對生觀想是觀想佛菩薩在我們的前方，這是沒有辦法清淨我執的。

4.清淨的成果——等持的金剛持果位

第四個清淨之後的成果是什麼呢？就是證得「無二的」（或叫等持的）金剛持果位，也就是圓滿二身的佛果，在密乘當中，被稱為金剛持的果位。

由此可知，我們自身本具成佛的潛能，只是還未展現出來而已，這即是密乘稱自身為佛菩薩壇城的原因。然而，我們每個人都有身、語、意，但是我們用它來做了什麼呢？我們都用它來做不清淨的事情，如此還能得到四身的佛果嗎？佛果不會從天上掉下來，或是從地上長出來的，唯有將自身的不淨清淨之後，本具的清淨本質就能顯露出來。例如手髒了，我們會想辦法清洗乾淨，所以你使用肥皂、清水洗淨之後，你

就能看到原本乾淨的手，你並沒有另外變出一隻新的手。

修持密乘需要具備正確的觀念，不然許多人會誤以為密乘的觀修本尊，是從身外飛來一個什麼本尊。我們要很清楚整個密乘觀修的目的，也就是我們清淨的基礎是什麼，要被清淨的對象是什麼，清淨的方法是什麼，還有最後這樣做會有什麼樣的成果四個部分。如果你不瞭解要清淨的對象是我們的凡俗心或我執的話，你的觀修就會像在黑暗中到處丟石頭一樣，想要命中目標，是不可能的。

首先，如果沒有一個清淨的基礎、沒有這個具備六大的人身的時候，也就談不上我要清淨的對象是什麼了。舉例來說，清淨的基礎就好像是我們的手，手上的汙垢，就是需要清淨的對象，如果你沒有這隻手，也就不會有要洗手的問題。所以，一隻具有汙垢的手，就是清淨的基礎——淨基；手上面的汙垢，就是清淨的對象——所淨。那麼清淨的方法是什麼呢？就好像我們會用水和肥皂來洗手一樣，我們透過本尊法的觀修來清淨我執的汙垢。

最後清淨的成果是什麼呢？就像是手洗乾淨之後，又變回本來就是乾淨的那隻手一樣。所以，你只是變回你原本的樣子，原來清淨的本質。當我們作本尊觀修的時候，最重要的一個觀念就是：你最後只是恢復到你本來清淨的面目。並不

是透過很多本尊的觀修，結果讓你變成了另外一個人，或者從外面得到一個成果。本尊觀修，只是幫助你展現出你內在本有的那個清淨的面目。

三身圓滿開顯

本尊觀修的成果，就是開顯出我們本具的清淨本質——佛的三身。例如化身開顯時，指的是我們的脈修成了；報身開顯時，代表是氣修成了；法身開顯時，代表我們的心——圓滿的自心本質展現出來了。另外一個面向來說，化身、報身、法身，也可以配合身、語、意三個部分：化身是身的圓滿，報身是語的圓滿，法身是心的圓滿的開顯。

所謂的化身、報身跟法身，也可以說就是脈、氣、明點（心）這三者。當這三部分都得以圓滿、無二開顯的時候，就叫做「自性身」。我們現在還是在凡夫位，或者叫不淨位的階段，因此我們的身、語、意，或者說我們的脈、氣、跟心意，都是不清淨的，因此，我們需要透過清淨的方法，譬如說修持本尊的觀修法門，就能開展出我們本來清淨的面目，也就是本具的三身（或者說四身）就能夠展現出來。

三乘對身體看法的差異

在密乘裡面，我們會給身體一個特殊的名稱，叫做自身本尊的壇城。自己的身體它就是佛的壇城的意思。而在小乘佛教當中，對於這個身體，會認為它是無常的、不淨的、苦的、無我的等等。密乘跟小乘對於自身這部分的看法差異，是非常大的。小乘對待這個身體，會覺得它是最不乾淨、最髒的、最痛苦的、最糟糕的、最不好的一個東西；密乘對待身體，覺得它就是佛的壇城，只是現在我們這些自身本具的、佛的三身的功德，沒有開展出來而已，如果將它開展出來之後，它的本質是這麼的殊勝，就是具有三身功德、佛的功德的這種自性。因此，它不是骯髒的、汙垢的、不好的，而是非常殊勝的！介於在這兩者之間的，還有大乘的見解。大乘覺得這個身體是佛的壇城，但也不像南傳小乘那麼強調身體是那麼髒、那麼染污的。大乘是怎麼看待這個身體呢？大乘認為這個身體是空性的，是沒有實質的。

佛法的三乘，對於我們的身體這方面，就有這三種不同的看法。在《心經》裡面，也就是大乘的空性見解裡，對於身體沒有這種好壞的評斷，就只是一句話——「色即是空，空即是色」這樣子而已，沒有太多那種這好、這不好的說法。但是，要實修的時候，密乘會比較容易修持。密乘裡是相當珍惜、注重這個身體的，如果你輕視自己的身體，或者你覺得

自己的身體是不淨的時候，那就已經犯了密乘的戒了。密乘的見解認為，化身跟報身都是依靠我們這個身體，才能夠展現出來的，所以如果我們認為這個身體是不淨的時候，就等於說化身跟報身也是不清淨的了，會變成這樣的情況。

1.小乘──人無我

為什麼小乘認為這個身體是不淨的、不好的呢？最主要這樣觀修的目的是為了要消除我們的我執，尤其是消除人我的執著，也就是妄執五蘊和合的人身為「我的」這種執著。我執最主要依靠什麼而產生？就是依靠這個身體而產生的，因此為了要破除這種執著，小乘告訴我們你執著的這個身體，其實是苦、空、無常、無我的，所以強調身體的不淨、不好，就是對治人我執的一個好方法。

2.大乘──人無我、法無我

在小乘人無我的基礎之上，也就是瞭解五蘊和合的這個身體並沒有一個所謂的我真實存在之後，大乘進一步則是告訴我們，一切事物也沒有一個真實性──法無我。這兩種方式都是為了破除我們的執著。

3. 密乘──淨觀

密乘其實跟小乘、大乘是一樣的,最終的目的是一樣的,都是為了對治我們的執著,只是密乘的方式跟用詞不太一樣而已。密乘有一個詞叫做──轉依,就是透過本尊生起次第的觀修,而能夠轉依我們對於世俗顯相的貪執。所以,密乘也是同樣的目的,要降伏我們的我執。

在大乘與密乘裡,都會提到人無我與法無我,但是大乘是透過確立空性的義理來了悟兩種無我,在密乘裡對於人無我跟法無我,強調的是清淨的相(也叫淨觀)──淨相。淨相指的就是本尊的身心、本尊的相。這是顯、密兩者間的一些不同點,但是從最究竟的目標來說,卻是一致的。為什麼說最終的目標是一致的?這是因為三乘佛法都知道一個根本的問題──輪迴的根本是什麼?輪迴的根本就是我執。所以小乘的行者他們要思考對治我執的方法是什麼?同樣地,大乘的行者也要思考對治我執的方法,密乘的行者也是一樣。所以說它們三者的目標都是一致的。

雖然最終的目標是一致的,但是方法不太一樣。例如顯乘裡面提到我們要積聚資糧的時候,會認為積聚資糧的對象,或者說供養的對象,是一個外在的東西,例如和我們自身相異的、外在的佛菩薩們。密乘裡面,提到要積聚資糧的時候,

跟顯乘不同點在於你要積聚資糧的對境，不在外面而是你自己，你要觀想自己就是本尊，是那個供養的人，也是被供養的那個對象，都是你自己。

從這裡我們可以瞭解到顯、密的一些觀修方法上有所不同，這是很重要的！尤其各位在接觸密乘的教法時，應該也要有顯教的基礎，同時更要對於顯、密最終的目的是什麼，還有修持方法的不同點有所認識，這樣才不會變成盲修瞎練了！

04

金剛亥母到底是誰

修持生起次第的本尊觀修瑜伽有四個部分，只要是密乘的修持，都要對這四個部分有一個完全的瞭解而深信。是哪四個呢？也就是清淨的基礎、清淨的對象、清淨的方法，以及清淨的成果這四個。

清淨所依止的基礎就是蘊界處這樣一個身體；被清淨的對象就是我執，執著這個五蘊和合的身體是我，這種凡夫的執著心要將它清淨；清淨的方法就是生起次第的本尊瑜伽法；清淨之後的成果就是金剛持的果位，但是我們修生起次第得到的清淨成果，是三身當中的化身。

在生起次第會談到很多我們要觀修的、清淨的這些方式。不同的本尊，會有一些不同的觀修法，也有一些不同的解釋。在這裡生起次第清淨的方法就是要觀修本尊，透過觀修本尊來清淨我們。

本尊是誰

在密乘裡我們稱這樣一個可以幫助我們、清淨我們的對象，就叫做「宜當」，中文翻譯叫「本尊」。本尊在藏文裡有兩個音節，一個是「宜」，一個是「當」。「宜」的意思是心，「當」是誓言。所以「宜當」（本尊）的意思是：你發誓將某位和你相應的佛菩薩，當成自己主要的依止對象。這裡的重點是誓言，佛菩薩不會自動成為本尊，除非自己心中有跟祂相應的誓言，你想要成為那位佛菩薩，這時祂就是你的本尊了。

因此，「宜當」就是一個發誓的誓言。當我們說這是我的本尊的時候，意思就是你選定了這一位佛菩薩，然後發誓要修持祂的法門，成就祂的果位，這時祂就被稱為本尊。無論大乘或密乘，都會談到非常多這樣不同的佛菩薩。在大乘裡提到過去有無量的諸佛出世，有無量的菩薩出世，祂們全部都可以歸類、融攝到五方佛當中，五方佛也就是：大日如來、不動佛、寶生佛、阿彌陀佛、不空成就佛。

五方佛中可能你對大日如來特別的相應、特別的有信心，你就會發誓說要修大日如來這個法門，這個時候大日如來就成為你的本尊。如果你跟阿彌陀佛特別相應的話，你就發誓說我要修阿彌陀佛的法門，那阿彌陀佛就是你的本尊。如果

以十地的菩薩來說，像是觀音菩薩你對祂特別相應的話，就是發誓說我要修觀音法門，那麼觀音菩薩就是你的本尊。因此，我們會看到每個人的情況不同，你對大乘裡面的諸佛菩薩相應時，你就會依止祂為本尊。

在密乘裡會看到有非常多佛菩薩的形相，不同的續典，例如四部續典就有不同的這些佛菩薩，尤其在無上續部當中，談到更多不同的佛菩薩，有憤怒尊、寂靜尊或者憤寂尊（即又是憤怒、又是寂靜的）等等不同形相的佛菩薩。因此，我們可以這樣說，不是說佛菩薩本身就是本尊，而在於你跟祂相不相應，你依止了祂，祂才會成為你的本尊。為什麼呢？因為發誓的是你自己，所以一切在於你自己，這位佛菩薩會不會成為本尊，在於你對祂有沒有發起這樣的誓言，佛菩薩不會發這個誓言，而是在於你。

這裡對於「宜當」多作一些解釋，因為很多人常常說密乘都會用到本尊的詞，但是都搞不懂什麼意思？簡單來說，本尊（藏文「宜當」）就是指你的一個誓言、發誓。這次的修持，我們的本尊就是金剛亥母。雖然這樣說，但不見得金剛亥母是在座每一個人的本尊，可能有的人會特別喜歡金剛亥母跟祂相應，你發了誓言，祂才是你的本尊，如果你沒有發這樣的誓言，跟祂沒有特別相應，對祂也沒有那種特別信心的話，祂就不是你的本尊。所以大家對本尊有這樣一個瞭解

的話，對各位將來修持這些法門會很有幫助。現在因為我們要修這個法，所以我們還是把祂當成是主要的本尊來修。因此，這個時候能夠清淨我們的這一個本尊瑜伽的主要本尊是誰呢？就是金剛亥母。

認識金剛亥母

那麼，金剛亥母到底是誰？我們對祂有多少的認識？如果我們對金剛亥母不認識、不熟悉的話，那我們所觀想的金剛亥母，可能就只是自己的一個幻想而已。噶舉派當中，有一位修持非常好的仁波切叫做薩就仁波切，他有一位西方弟子在修金剛亥母法，有一天這個弟子來見仁波切時說：「嗯，這個亥母我觀修都還不錯，大致都可以觀想得很清楚，但是有一個困難的地方……」仁波切就問他：「你的問題在哪裡呢？」他說：「困難就在於金剛亥母祂是女性，但我是一個男性啊，實在轉變不過來。我要把自己觀想成女性，真的很難。」的確，如果你對金剛亥母沒有一個真實認識的話，就會有這樣的問題跟麻煩，所以我們要對於金剛亥母有一個認識。

我們要觀修的本尊，祂被稱為金剛亥母。我們應該透過祂的三個不同面向──真實的、形象的、符號的金剛亥母，來認識什麼是金剛亥母，這是很重要的。「金剛亥母」只是個名

稱而已，到底這個名稱，要告訴我們的意思是什麼？這是我們要知道的，重點是其真實的意義，而不是表相的名稱。

1. 真實的金剛亥母

第一個面向就是真實的金剛亥母，也可以說就是最究竟的金剛亥母。它指的是什麼呢？也就是我們現在自心所具有的如來藏，或者叫佛性，這個就是基礎的、真實的金剛亥母。為了要讓它開顯、展露出來，它就需要有方法，而開顯的修持方法，就是後面兩個面向的金剛亥母——形象的和符號的金剛亥母。

第一種真實的金剛亥母，要從見解上來說，所謂真實的，或者說究竟意義的、實相意義的金剛亥母，指的就是離言詮、離思議的智慧波羅蜜，就是不生不滅的空性本質，是三世一切諸佛的本體、佛母和出生處。

就顯乘來說，祂的形相、外顯的相就是般若佛母；就密乘來說，祂則是顯現為金剛亥母的相貌。雖然顯、密在外相上有差別，但是實際的意義是一致的。因此，真實的金剛亥母，祂就是三世一切諸佛佛母、般若佛母，是三世諸佛的出生處。

儀軌內容「稀有勝妙法」就是在形容這樣一個究竟的實相，

或者說究竟的意義，它是不可言說的、不可思議的，這個就是智慧波羅蜜。這樣子一個不可言說、不可思議的般若波羅蜜，指的是什麼呢？也就是我們自覺的本智。如果你證知到自覺的本智，那會成為的是什麼？也就是三世諸佛的佛母。

所以，當你能夠了悟到自證的真義，當你體悟到自證的本智，你才能夠真正知道過去諸佛的本質、未來諸佛的本質、現在諸佛的本質。在藏文裡這一句說的就是三世諸佛的佛母，用的是敬語詞，指的就是祂是我們的母親。說是母親，並不就是指一個女性，也不是說佛母從過去就一直生出那麼多的佛，所以就是一位年紀很大的老婆婆，並不是這樣。過去有一些喇嘛沒搞清楚，說三世諸佛的佛母年紀肯定是很大了，你看祂從過去那麼久到現在都還活著，因此祂現在應該已經都白頭髮了，可能眼睛都有點黃了，皮膚也皺了，大概是這樣一個人。

一位真實義的金剛亥母，指的是什麼呢？也就是我們自證的、自覺的本智，是我們的智慧。自覺的本智是什麼呢？就是我們的如來藏——佛性。密乘的修持建基於顯乘之上，因為顯乘裡面也會提到如來藏是遍及一切眾生的，眾生都具有這個如來藏的因。所以，眾生即是如來因、佛陀因。這個如來藏就是成佛的因。

因此，第一種真實的金剛亥母，從見解上來說，指的就是我

們的佛性，這個如來藏，也可以說就是法身——諸佛的法身。第二、三種形象的金剛亥母與符號的金剛亥母，這兩個是屬於色身。色身再分為兩種——報身跟化身，第二種形象的金剛亥母屬於色身當中的報身，第三種符號的金剛亥母是色身當中的化身。

2. 形象的金剛亥母

形象的金剛亥母，指的就是我們在修持的時候，所觀修的金剛亥母的報身佛的身形。什麼是報身的身形呢？有很多種，例如寂靜的、憤怒的、還有寂憤的相貌。這麼多不同的形象，主要是因為要針對不同的眾生，調伏不同的眾生，所以展露出這些不同的相貌。

事實上，談到這樣一個具備各種莊嚴的報身相，你會看到在印度所謂的報身佛的相，跟在中國的相貌就有很大的差別。像觀音菩薩，在印度佛教中的相貌和在中國佛教中是不同的，觀音在印度是男性，在中國佛教則是女性。為什麼觀音菩薩本身，同時可以顯現是男性，又可以是女性的相貌？這是為了利益不同的眾生，所展露出不同的相，並不是觀音祂本身有這樣子的相貌。如果我們要問說，觀音菩薩到底是男性還是女性呢？這似乎很難回答。在中國，我們會覺得觀音菩薩是女性，在印度他們會說：「不對呀！觀音菩薩是男

性。」的確，各自來說都是真的，因為觀音菩薩代表的就是大悲心的自性。所以，如果一個男性具備了大悲心，他就是一個男性的觀音菩薩，一個女性具備了大悲心，那麼她就是女性的觀音菩薩。所以，兩者都是真實的，都沒有錯。

報身佛為什麼會有那麼多不同的形象，不是祂本身有所不同，而是因為眾生的情況有所不同，所以展現出不同的相貌。因此，這裡談到的亥母的第二個面向——形象的金剛亥母，指的就是這種報身相。

金剛亥母真實的意義，就是般若波羅蜜多。所以，從這個真實義的面向來說，亥母不見得一定要是女性，因為如果一個男性證得了般若波羅蜜多，他也就是金剛亥母。

前面所講金剛亥母的兩個面向：第一個是真實義的金剛亥母，指的就是智慧波羅蜜；第二個是形象的金剛亥母，指的就是祂所展現出的報身相。報身相是依據眾生不同的根器，看到的都是不同的相，有的看到祂示現為寂靜相，有的示現為憤怒相，有的看到的金剛亥母示現為又是寂靜又是憤怒結合的相，或者有時候祂會是白色、紅色、綠色、黃色等等。依靠眾生根器的不同，會看到不同的相。看到形象的金剛亥母時，祂的相既不是憤怒也不是寂靜，是兩者都結合在一起的相。什麼叫做又是憤怒、又是寂靜的呢？譬如說憤怒尊就

像瑪哈嘎拉，寂靜尊就好像觀音菩薩，當這兩者都不是的時候，也就是說既不是憤怒尊、又不是寂靜尊的情況，就取名為憤寂尊，就是又是憤怒、又是寂靜的。觀修金剛亥母時，就需要有一個所依的形象，需要一個東西來依止，透過這個來觀，就是指形象的金剛亥母。

我們需要依靠某個東西，然後證得某個東西。但是，我們要證得的是什麼？是第一種實相的、真實義的金剛亥母，這是我們要證得的。為了要證得真實的金剛亥母，我們就需要依靠一個形象的金剛亥母來證得。就好像看到一座山上有煙時，因為煙的這個形象，而能夠知道有火，為了要瞭解那個火──真實義的金剛亥母，所以我們需要有一些依據、形象、徵兆、原因──就是煙，煙指的就是形象的金剛亥母，你要觀修祂。

形象的金剛亥母到底是什麼樣子？怎麼樣觀修呢？在正行裡偈文的文字，形容的就是形象的金剛亥母。因為要次第的觀想，所以要很清楚的寫出來，金剛亥母身體是紅色的，有一張臉，有兩隻手臂，還有配戴各種的裝飾、姿勢等等。我們要觀想的這個本尊，也就是形象的金剛亥母。金剛亥母的顏色、長相、法器、莊嚴等等，在之後的儀軌的觀修次第當中，都會解釋到。

3. 符號的金剛亥母

第三種符號的金剛亥母。事實上符號它是有很多的,每個的解釋也都不同。就好像手語的節目,對許多人來說是完全看不懂的,我們修持金剛亥母法門的正行時,首先給予我們教授的上師,他就是符號的金剛亥母。依靠上師的指引,我們能夠進入修持金剛亥母,但我不是要吹捧自己就是金剛亥母,但是,你們可以把我當成是符號的金剛亥母。

第三種金剛亥母是三身當中的化身,也可以說就是金剛亥母的化身。譬如說你聽到鐘聲,它是一個提醒、一個告知、一個告示,聽到鐘聲我就知道要下課了。所以,符號的金剛亥母,指的就是我們要依止的這位上師,也是你為了要學習金剛亥母的法門所需要親近的一位上師、一位善知識。透過他,你得到了灌頂、口傳、教授跟各種觀修上的口訣,所以這位上師就好像一個告示,他也就是金剛亥母的化身。

雖然他是金剛亥母的化身,但並不是指身體一定是紅色的、齜牙咧嘴這樣一個人,而是我們的上師。很多時候,我們需要透過一些提醒、告示或者一些比喻,理解某個東西進而生起信心。

所以,這樣一個符號的金剛亥母,或者說告示的金剛亥母,指的就是自己的根本上師。每個人都知道自己的根本上師是

誰，但是大家可能都不一樣，並不是統一的某個人就是金剛亥母的化身，這裡指的是這樣一位指引你、帶領你的上師，或者你可以說這一位給了你金剛亥母口傳跟教授的老師，在這裡指的就是符號的金剛亥母。

這三種金剛亥母，是一個依止一個的，關係是很緊密的。為了要瞭解最究竟的、真實義的第一種金剛亥母，我們需要依靠第二種形象的金剛亥母，為了要瞭解形象的亥母，我們需要依止一位老師，而這位老師就是第三種叫做符號的或者說比喻的金剛亥母。這裡的符號是可以接觸、可以交流的一個人，你可以面對面跟他學、跟他交流，並且學到這個法門，這個符號是能夠提醒你、告示你的一位金剛亥母，他不會是一位身在遠方、遙不可及的人，他是一位活生生的人。

偈文裡有一句「上師金剛瑜伽女」，這裡的上師指的就是符號的金剛亥母，也是第三種金剛亥母的意思。一位能提醒你、告示你、教導你的金剛亥母是誰呢？就是你親近、學習、依止的對象，這位老師也就是我們的上師，並不會有另外一位金剛亥母變出來的。而第二種形象的金剛亥母，指的是金剛亥母的報身相。我們在觀修時，透過觀想形象的金剛亥母，你的證悟將會開啟，或者說開顯出來，這個就叫做真實的金剛亥母。

(1)馬爾巴大師與符號的金剛亥母

形象的金剛亥母，其實祂就是真正的報身佛，但是我們是看不到的，我們目前能夠看到的只是一個符號的金剛亥母。馬爾巴大師前往梭薩林墳場的時候，其實也沒有直接看到報身相的金剛亥母，當時記載是說，他看到了一個女性，手拿彎刀把胸口切開，並打開示現給馬爾巴時，他看到了形象的金剛亥母。

所謂符號的金剛亥母，如果結合自身來說，指的就是產生身體暖熱的部位，這是在肚臍的部位。身體感到舒服的時候，身體的冷熱是在一種調適平衡的狀態，所以身心會感到愉悅。身體的熱能，都是從猛厲火而產生——這就是自身的符號的金剛亥母。

總而言之，我們的身口意，分別就是符號的、形象的和真實的金剛亥母。但是因為現在我們的世俗貪執，遮蔽著自身的潛能，因此三種金剛亥母無法展現出來。要透過什麼方法可以開展呢？就是帶著對於自身即是三種金剛亥母的理解，進而生起信心觀修本尊金剛亥母，當信心愈來愈堅固穩定時，三種金剛亥母逐漸就能開展出來。因此，其實你可能會發現，任何一個東西、一個符號，它都在揭示金剛亥母的意義，如此的認知，對於修持會有很大的幫助。

(2)阿哇突地經歷了六種符號的展示

過去，在印度有一位大成就者，他叫阿哇突地。他當時經歷了六種不同的景象，也就是說六種不同符號的展示。第一個符號、象徵性的景象，他看到一面石牆，在牆縫當中，有一條很長的蛇在當中爬進爬出。最後一次當牠爬出來之後，牠爬到另外一個洞裡面，就鑽進去沒有出來了。

這是他真的看到的情況，就是在他居住的地方，真的有一面石牆，不是他的幻象。他想為什麼蛇就不出來了呢？所以他就去看牠原本的那個洞，一看裡面有很多小蛇，大概是小蛇太頑皮了，所以蛇媽媽受不了，所以就跑去另外一個洞裡面去。

就是這樣的一個符號、告示，讓他領悟到：原來輪迴就是這個樣子，我們常說輪迴就像是蛇窩一樣，本質是痛苦的，所以我們要從痛苦當中出離出來。就像那條蛇，牠跑到了另外一個清淨、安靜的地方，我們應該從世俗的聵鬧、紛雜當中出離出來，然後前往靜處禪修。因此，這位大師說，這條蛇就是他其中的一位上師。雖然這條蛇沒有用語言跟他說明什麼，但就是一些符號與動作，讓他有所領悟。

再來，他第二位上師是誰呢？是一位女生。有一天大師來到一個十字路上，已經很晚了，他看到一個女生站在路口，好

像在等人。他覺得很奇怪，這麼晚了怎麼還在等人呢？但是女生一直等，等到半夜凌晨了，她還在那裡等。原來是她約了某個男生在路口相見，但是沒有見到，後來這個女生就離開了。

這樣一個景象，幫助大師瞭解到：啊！我們每個人都是活在自己希求的幻夢當中，被牢牢地捆縛住，無法走出來。我們真的應該趕快放下這種希求，放下這種欲望，解脫出來。事實上，我們常常也是如此，就像很多人想要修個本尊，才剛開始，他就急著馬上要親見本尊，這種強烈的得失和欲求，就是限制自己的主要原因。

我們總是患得患失，一直想要得到什麼，總是不滿足，但是同時又害怕失去什麼，總是害怕恐懼。所以，我們在修行的時候，應該要告訴自己：要放下、要放下。尤其現今很多密乘的行者，這種得失心特別強烈，執著一定要見到什麼本尊，然後修個半天，很失望地說：「啊！我怎麼啥都沒見到呢？」然後傷心、恐懼隨之而來。總是在這種得失當中徘徊，無法出離。

由於他被這種得失心沖昏了頭，有時他會將魔鬼的授記，誤以為是佛菩薩在跟他說話，結果是完全的顛倒，這就是因為他的得失心而造成的。

總之，這位大師經歷了不同的六種情況，他遇到了六個根本上師，而有所領悟。

(3)密勒日巴與金剛亥母的授記

過去密勒日巴尊者，有一次在山洞裡面封關修持，他在頭上放了一盞油燈，十八天的閉關、禪修，這盞油燈都沒有熄滅。有一天尊者看到了一個景象，一位身體通紅的女性，來到他的面前說：「你學到了很多口訣，但是，你跟馬爾巴譯師還有一個口訣沒有學，就是破瓦法，你應該去跟他學這個法門。」尊者想，我自己無法分辨這個景象，到底是本尊的示現呢？還是魔鬼的干擾？他就決定去問他的上師馬爾巴。

所以，他打開了關門，前去晉見上師馬爾巴。馬爾巴一看到他說：「喔！你不是在閉關嗎？怎麼出來了，這是障礙呢？還是一種成就的徵兆呢？」尊者就把那段因緣報告上師。上師也說，跟隨那洛巴大師的時候，的確聽到過這個法門。因此，他就帶著尊者密勒日巴，兩個人開始去找，翻他過去整理翻譯的典籍，但怎麼找都找不到這個法門。馬爾巴大師就跟他說：「你這個並不是魔鬼的徵兆，而是本尊的授記，而且是金剛亥母的授記。」

因為這個因緣，馬爾巴大師決定第三次前往印度，求得此法。周圍的人跟他說：「你年紀這麼大了，別再去印度求法

了。」他說：「就算我捨棄了性命，我都要去求法。」這個故事，也是一個符號的亥母的故事，很多時候的一些情況，都有可能是對於行者的一種提醒、一種告示。

(4)鄔堅巴大師前往金剛亥母的聖地

還有一位大師，名叫鄔堅巴千波。這位大師曾經從西藏走了三年的時間，到西方的鄔金淨土。那個時代巴基斯坦已經沒有什麼佛教徒了，他為什麼要走這麼老遠的路去巴基斯坦呢？最主要的原因就是，他知道有一個很重要的金剛亥母聖地，就在巴基斯坦境內，所以他一定要去。當時境內已經都是回教徒了，他也不敢進去，所以他就在城外遊走。走著走著，他看到一個帳篷，想要借宿其中。

帳篷當中，住著一個得了痲瘋病的老太太。鄔堅巴大師當時挺害怕，心想自己會不會被傳染。無論如何，他走進了帳篷，沒想到老太太把她喝一半的粥遞給他說：「給你喝。」當時，他毫無分別念地喝下那碗粥的時候，那位老太太瞬間轉變成為金剛亥母了！當時如果沒有喝下那碗可怕的粥，老太太可能就還是那個痲瘋病人，她就不會示現成金剛亥母。

這個故事告訴我們，懷疑是很可怕的！痲瘋病的老太太，其實她就是金剛亥母。但是如果我們一直執著她是痲瘋病人的話，別說見到金剛亥母了，自己也會變成痲瘋病人的。當

時鄔堅巴大師，他完全沒有懷疑地相信，喝下了那碗粥，因此，他透過這樣一位符號的瘋瘋病人，得到了證悟。之後大師將此亥母的法脈傳承，帶回了西藏，進而開創了八大修持傳承當中的金剛念誦傳承。

有人可能會問說：「喔，他又沒有修持金剛亥母法，怎麼會突然就見到了金剛亥母呢？」這個答案就是，在這三年當中，他的心念一直都在找尋金剛亥母，他沒有一分一秒離開過金剛亥母，這就是他的修持，所以最後他能夠見到金剛亥母。

任何一個符號，如果你瞭解它的意思，它就不同了；如果沒有領會，它就只是一個東西，一個符號而已。所以任何時候，我們都要放下自己的希求和懷疑、恐懼的心。西藏有這麼一句俗話說：「藏人的希求心太強，漢人則是疑心太重。」也不曉得是不是真的喔！總言之，一個修行人，我們兩邊都不要，不要落入這種希求的一邊，也不要處於懷疑的一邊。我們應該保持中道的去走。

觀修本尊法

在觀修本尊法的時候，我們都是自生觀想，並不是觀想本尊在我們的前方。我們什麼時候會要觀想本尊在我們的前方

呢？通常是在「羯磨儀軌」的時候。但是，因為我們現在是自修，自修時沒有羯磨儀軌，所以都是自生觀想。最主要觀修本尊的目的，是要消除我們對於世俗顯像的貪執，這種執著不是來自外在，都是來自於我們內心的我執和我所執，因此不是作對生觀想——觀想本尊在前方，而是要觀想自己就是本尊。

我執的基礎就是我們的身體，也叫做蘊身；我所執的基礎就是房子、財物、親人、朋友等等。這種「我執」和「我所執」的束縛，就稱為對於世俗顯像的貪執。這種貪執的特質之一，就是會產生強烈的錯覺，以為一切「真的存在」，例如：誤以為蘊身之上，「我」真的存在，或者房子、財富、親人之上，「我的」真的存在。

為了轉化這種世俗的貪執，我們要觀想，「我」就是本尊，「我的」所有物，例如房子、親人等等，就是壇城眷眾。透過這樣一個反向的觀修——自己「沒有」所謂的我存在，而自己「就是」本尊。

其實，「有」和「是」兩種觀念，都是妄念，各自的產生方式，也有所不同。自生觀想為本尊的時候，你是不斷提醒自己「是」——就是本尊，持續練習之後，清淨本尊的形象就會展現出來。這就好像我們各種痛苦的形象，剛開始是沒有

的，你也是慢慢地、不斷地告訴自己說這個就是我，然後那個就是我的，這時輪迴、痛苦它就產生出來，就好像真實的一樣。

所以，這裡談到一個重點，密乘在對治世俗貪執的時候，主要是透過自生觀想來對治，並不是對生觀想。但是，對於一個初學者來說，很難一開始就觀想成自己是本尊。因為我們長久以來薰習「我」和「我的」的觀念，已經根深蒂固，現在要你馬上在觀修的時候，告訴你就是本尊，我們是不會相信的。因此，初學者的要點就是「相信」，雖然剛開始，你可能不完全相信自己就是本尊，但是透過一直地觀想練習，慢慢就能觀想清楚。

這種過程有一個比喻，初學者的觀修，就好像在水面上畫畫一樣，完全沒有痕跡留下。但是，藉由不斷地觀修，慢慢進步的時候，會發覺自己的信心更加穩定，這時候就像是在土地上畫畫一樣，比較清楚，也比較待得久。但是，當它遇到惡緣、障礙的時候，還是會消失的。生起次第修到最後穩定時，就像是刻在石頭上的圖案一樣，不會輕易消失，直到石頭本身被摧毀之前，這個圖案都會在上面的，這就是生起次第的圓滿境界。石頭被摧毀，這個圖案也就沒有了，這其實是一種轉化，指的就是這顆石頭它也是空性的，這代表你要進入到下一個階段圓滿次第的禪修，也就是空性的修持。

所以，初學者的重點，在於要有信心！剛開始，你實在沒有辦法清楚觀想金剛亥母的樣子，到了像在土上畫一個樣子的時候，就會稍微清楚一點，再更進一步修持下去的時候，生起次第就會穩固，其實就是生起次第圓滿了，這時候就像是刻在石頭上，它是那麼的清晰和穩固。然而這個清晰、穩固的相，僅是一個顯相而已，它的本質是空性的。因此，你會瞭解到，一切看到的形象，都是本尊的形象；一切的聲音，都是本尊的語；一切的起心動念，都是本尊的心——這時一切形象音聲，都是本尊的化現。

密乘有一個名稱是「以信心為道用」的法門。初學的時候，其實不太需要去在意觀想的相貌清不清楚，因為這時候就像是在水上畫圖一樣，是不會清楚的，所以這時候的重點，就是那一念相信，有相信就夠了。

修持金剛亥母時，需要一些所依，譬如說前方設置金剛亥母的畫像、唐卡或者佛像也好，然後前面放置許多的供品，修持時能有這些設置幫助我們供養，是很好的。但是，觀修時的重點還是自生觀想，而不是外在有任何的本尊。這些唐卡也好、佛像也好，它只是一個表相而已，不是究竟的實義。

如果放一張母親的照片，我們會問這是母親嗎？我們會說是，但真的就是她嗎？又會說不是，它只是張照片，我們清

楚知道照片只是母親的代表，並不是真實的母親。因此，我們知道金剛亥母不是外在的唐卡或畫像，真正的金剛亥母就是你自己。

有了如此的相信和認知，你會發覺，不管身在哪裡，你都是金剛亥母，你在搭飛機的時候是金剛亥母，你在坐車的時候也是金剛亥母。自生觀想的特點，就是不管你在哪裡，你都是金剛亥母。只要我們還以為金剛亥母是相異於自己的另外一個東西，我們就永遠得不到金剛亥母的加持，永遠不會得到成就。所以，平時日修金剛亥母，非常重要的要點，就是要相信，相信自己就是金剛亥母，這就是自生觀想的部分。

到了內修就不可能有外在的唐卡或者畫像了。內修的觀修是什麼呢？就是脈、氣、明點，這都是自身內在所具有的東西，不是外面的。內修的修持，也是建立在自生觀想的基礎之上。

就像是你的肚子很餓，桌上放了一盤盤香噴噴的佳餚，但是不管你怎麼看，如果不吃都無法知道食物的味道，只有實際去吃，才感受得到它的味道。為什麼說這些東西吃下去，會有感受呢？這是因為食物吃下之後會碰觸到我們的脈、氣時，而我們的脈和氣都是和心有關聯性的。因此，我們能夠感受到它。內修的時候，都是內在的心理和身體有關聯的

脈、氣各種的修持，所以，這時候的本尊就更不可能是外在的事物。

這是為什麼我們之前有談到，修持密法的行者，一定要是六大具備的人。因此，這裡並沒有性別的問題，當然女性在觀修上會比較容易，因為金剛亥母是女性的形象，但是當你的信心完全堅固時，男女都沒有差別。

以上提到的，就是自生觀想的正確觀念，不然許多人一直觀修本尊，結果反而越修離這個本尊越遠，這是因為他們以為本尊是外在的一個東西，以為透過不斷地持咒，可以變成某個其他的東西。其實，你自己本身就是本尊。總言之，自生觀想的目的是什麼呢？就是為了對治我們對於世俗相的貪著。

認識金剛亥母的重要性

透過這些說明，能認識金剛亥母是誰，真的很重要！如果你沒搞清楚，就會有懷疑，換一個名稱來說就叫做障礙。如果是要提煉出酥油，就一定要從牛奶去提煉，從水中是提煉不出來的。意思就是說，如果你不瞭解到底在修的是什麼？不知道金剛亥母是誰？就像你一直在那裡攪水，想要從水去提煉出酥油，這是不可能的！如果你一直抓著水想要提煉酥

油，總有一天你就累了，累了之後就算了，算了就會把這個水倒掉了。因此，瞭解原因是很重要的。這些解釋可以稱為符號的或者告示的金剛亥母。

大手印的自性也就是「心之本質覺空赤裸現」，就是你的心非常的清晰、覺知的狀態，並能安住在這樣的狀態中。如果，我們能夠了知並且安住在這樣一個覺空赤裸、心的本質當中的話，就是真實義的金剛亥母，你就證悟了！

05

金剛亥母觀修法

身體的形成

我們說清淨的基礎是什麼？就是蘊界處這樣的一個身體。那我們這樣的一個身體，是怎麼樣形成的？一開始母親的胎中什麼都沒有、是空的。之後白紅菩提交會，也就是父精母血的結合，再加上我們的心識，這三者進入母胎之後，身體就開始形成了。

這三者結合之後，首先產生的就是我們的中脈。中脈非常的細，像是馬尾的細毛一般，中脈首先形成之後，慢慢左、右兩個脈也開始形成。最開始就是這三個脈，然後慢慢開始擴展，也開始長肉了，這時候它的形狀、大小有點像是一條魚。慢慢地頭和手腳等四肢也慢慢形成，越來越清楚，接著五根也就是我們的眼、耳、鼻、舌這些慢慢形成。

我們在母胎中，差不多九個月又十天或十五天的時間，這個身體大致就長成了，一直到我們出生，離開母體前，身體它就完成了。

我執的形成

孩子出生之後，父母親就會為寶寶取名，這個時候孩子還不會有「這個名字就是我」的執著。但是過了　段時間之後，寶寶就會開始對這個名字有所反應，可能就會笑或者看著你等等，因為他知道這個名字是他，他慢慢就開始執著有這個我了。隨著年紀的增長，到了三、四歲左右，他的執著會越來越強，並且慢慢會擴及到身邊的東西，譬如玩具，他就會說「這是我的玩具」。這就是從「我執」衍生出來的我「所執」——某某東西是屬於「我的」的執著。逐漸我所有的執著，範圍越來越廣，譬如：這是我的房子、這是我的財物、我的錢、我的父母，或者說我的男、女朋友等等。

我們可以看到執著形成的過程，我執最開始執著的事物是什麼呢？就是母胎當中那根細得像馬尾巴的中脈，之後慢慢執著整個身體是我，逐漸再執著外在的事物是屬於我的。所以，這裡我們要瞭解的是，這個執著的基礎，或者說清淨的基礎，就是這個五蘊和合的身體。生起次第觀修的時候，這是非常重要的一點。我們要清淨的基礎，是這樣子的一個身

體，還有包括它整個生長的過程。

本尊觀修的四種次第

接下來，清淨的方法是什麼？就是本尊的觀修。本尊觀修的次第，就是對應清淨身體成長的各個階段。之前提到有四種不同的生起次第，是為了清淨四種不同的投生方式，這次學習到的本尊觀修法，是能夠清淨我們胎生的一種方法，它本身的次第又分為廣、中、略三種。

「廣」有五種次第；「中」有四種次第；「略」有三種次第。無論是五種、四種還是三種次第，都是生起次第觀修的正行。我們要講的生起次第的觀修方法，是屬於中等的。

「中等生次觀修」的四個次第是什麼？第一個次第的基礎是空性。第二個次第包含四個：蓮花坐墊、日輪、月輪及「舍ㄧ以」字。第三個次第是從「舍ㄧ以」字轉變成為本尊。第四個次第是在你的身、口、意三門有「嗡、阿、吽」三個字放光明。

要觀想本尊，生起本尊，有這四種次第、四個階段。所以，你可能會發覺，不論是詞句已經很簡略的短軌，或是更廣的金剛亥母大法會要共修的法本，文字非常多，形容的詞句也很多，歸納起來也就這四個次第而已。所以，我們修這個儀軌，它的生起次第就是這四個。

正行的修持

1. 清淨為空性

嗡 梭巴哇須達 薩哇達瑪 梭巴哇須埵 沆

正行的開始，會有這麼一段梵文咒語，有清淨的意思，清淨什麼呢？就是將那些被二元對立的不淨所束縛的萬法，清淨為空性。

為什麼要清淨為空性呢？就像我們之前所說的，我們會有我執——執著五蘊身為我，和我所執——執著房子、財富是我的等等，這種對於世俗相的執著心，是我們要清淨為空性的。

我們最開始提到，身體長成時的那個母胎是空性的，什麼都沒有的。這個句子描述它要清淨的就是那個母胎。因此，這一段話是有很深的意義的，它在告訴我們一個重點，就是我們身體在最開始長成的時候，是在這樣一個空性的母胎當中才能夠生成的，你不會從一個不空當中產生出來。

一切的這些能執、所執，都轉變成為空性，一切的法都轉變成為空性。轉變成為空性的時候，也不要誤會成空空的、什麼都沒有的空，空性的意思是沒有實質存在性。

2. 觀想法生越量宮

空性之中化三界，一切法生越量宮

「空性之中」就是剛剛所提的觀修第一步，所有這些能執、所執的一切法，都已經轉變成為空性了，接著從這個空性之中化現出三界。「一切法生越量宮」指的是金剛亥母的這個宮殿，法生越量宮就是三界。但並不是先觀想有一個分開的欲界、色界、無色界，而是這個法生越量宮就是三界的意思。從空性當中，化現一切都成為法生越量宮的三界，這個觀想是非常開闊的，所以用三界來形容。

總言之，所有自己執著的事物，全都化現為法生越量宮。在作這樣的觀想時，三界對於我們凡夫而言，有時過於空泛，我們可能不知如何去觀想，所以可以簡單的先從自己平時貪執的事物開始觀想。

例如我們都對自己的房子有所執著，轉換這種執著的方法，就是將它想成是法生越量宮。就好像住在板橋的人，要他想所有板橋的房子都是我的，會比較困難，因為他所執著的，是在板橋的自己的房子。因此，為了消除自己的執著，「一切轉變成為法生越量宮」時，我們可以從跟自己比較有直接關聯的來觀想，這樣會比較有感覺，也容易觀想清楚。

為什麼我們要觀想宮殿呢？這是為了淨治我們對於所有物的執著。但是我們是初學者，無法觀想得很清楚，所以在剛開始只要相信，我所執著的一切是越量宮就好了。

那麼，法生越量宮的形狀是什麼呢？是三角形的。不是平面的三角形，它是一個立體的、錐形的，三角尖錐是朝下，從上面看是一個平面三角形，如果自生觀想的時候，平面三角形的其中一個尖端是朝前方的，我們觀想法生宮這個立體壇城是三角形、尖錐形的立體，裡面是中空的，外面是白色裡面是紅色。

以上兩句提到，就像是母胎剛開始的空性一般，一切首先要轉變成空性，接著從空性當中，生起法生越量宮。

3. 觀想蓮花座

其中蓮花屍身上

接著要觀想在這樣一個法生越量宮當中，有一個蓮花座，蓮花上面有日輪，然後日輪之上有月輪。在這個月輪之上有一個屍身，屍身上再有一個日輪。

這樣的觀想，是要對治我們的執著，這就好像如果一家四口人，當中有四張床，我會說這是我的床，那個人會說那是他

的床，雖然四個人共同執著一個家，但是對家中的床，卻有著各自的分別執著。所以，為了淨治這樣的執著，要觀想蓮花、屍身等等。

一家四口人，有著各自的床鋪，但是每個人的情況都不同，一個人可能是坐在床上觀修本尊，另一個則是舒服地躺在上面睡覺。光是一張床，就可以有截然不同的功能。所以就連這些小地方，都可以這樣來作這種觀修。

4. 觀想種子字

自心舍_以字放光明，供聖利眾復回攝

接著，自心舍_以字放光明。所以這裡的順序，再講一遍，就是在蓮花上面沒有寫出來的，有一個日輪，日輪之上有一個月輪，月輪上面是一個屍體，屍體上面是一個日輪，然後這個日輪的上面，就有一個舍_以字。

舍_以象徵的是什麼呢？就是我們的心，也就是最開始金剛亥母還沒有形成之前，先要觀想自己的心是一個舍_以字，站在日輪之上。雖然舍_以是一個藏文字，但其實你不一定硬要觀想出那樣的藏文字形，只要知道，它就是代表我們的心，就想說是我們的心在那裡，就可以了。

接著，從我們的自心舍ᷧ字放光，它有兩種作用，也就是上供跟下施。首先供聖，就是上供諸佛菩薩，然後是利眾，光芒照射到眾生，利益他們，最後光回攝到種子字。

到目前為止的觀想過程，就是我們投生為人的過程。如果不瞭解這樣的用意，很多人會覺得這樣的觀修很麻煩，為什麼不直接觀想一個金剛亥母出現就好了？曾經有一位德國的女士，她在修持金剛薩埵法，她對我說：「怎麼那麼麻煩，一直放光，放射到這裡那裡的，然後還要把光收回來，為什麼不一次觀想完就好呢？」

的確，在開始積聚資糧的時候，剎那觀想自己是金剛亥母就可以，因為那是屬於加行的部分，可以那樣觀想。但是現在是正行，正行的重點是什麼？還記得之前提到清淨的所依是什麼呢？就是我們這個蘊身；身體是如何形成的，本尊就要如是的去觀想，本尊觀修的正行，就是一種清淨的次第。

身體是在母親的子宮當中形成，一開始子宮是空的，之後因為父精、母血，加上心識，這三者在子宮內聚合，胎兒逐漸形成。因此，觀想日輪和月輪，是為了清淨母血和父精，觀想舍ᷧ字，是為了清淨心識，蓮花則是一種普遍的象徵，蓮花出淤泥而不染，佛菩薩們都會坐在蓮花上，代表在世間卻不受輪迴的染污。蓮花的這種比喻跟解釋，通用於任何的

觀修。太陽代表的母血，月亮代表的父精，還有代表自心的
「舍ᵢ」字，加上蓮花、屍身等等觀想，這些都是在這個三
角形的法生宮裡面。這個三角形的法生宮，它是不透明的，
所以是看不到裡面的。

「供聖利眾復回攝」，接著觀想從「舍ᵢ」字放射出光芒，
首先供養了佛菩薩，然後同時也布施、利益了一切眾生之
後，這個光就回攝到「舍ᵢ」字。

5.觀想金剛亥母的相貌、莊嚴跟法器

自身化成瑜伽女，唯一法身具一面

放光供聖利眾之後，這個光芒回攝回來，自身化成瑜伽女，
光芒收攝回到自心舍ᵢ字之後，這個自心種子字，就轉變成
為金剛瑜伽女，也就是金剛亥母的意思。一開始父精、母血
跟我們的心識，這三者是分開的，但是當它和合在子宮，胎
兒就開始形成了，所以這裡化成金剛亥母，就像是胎兒開始
形成一樣。胎兒的形成，需要時間，一點一點形成，因此這
是為什麼在正行觀想的時候，要一步步這樣觀想，它就是為
了要清淨我們身體形成的過程。

這裡有一個重點，這時候你觀想的金剛亥母就是你自己，並
沒有觀想金剛亥母在你的前方，尤其這時也回到最開始，當

我們念一切轉變為空性的那段梵文字時，其實也包括了我們自己現在的凡夫身、血肉之身等等，這一切都要轉變成為空性。

方智雙運具二臂，摧伏魔軍怒顰眉，齜張獠牙緊咬唇

接著的文字在形容說，金剛亥母的相貌，祂的莊嚴、法器是什麼。祂有一張臉，代表唯一法身的意思。兩隻手，代表的是方便跟智慧的雙運。然後說祂的面容，這裡形容為「怒顰眉」，祂並不完全是憤怒相，也並不完全是寂靜相，祂是一半憤怒一半寂靜，這裡叫怒顰眉的憤寂相。祂為什麼會示現這樣的容貌呢？是為了要摧伏魔軍。通常我們看到一座寂靜尊的菩薩相，祂的眼睛是細細的，長得就像是一把弓。憤怒尊的眼睛就是睜得大大的。不是太憤怒，也不是太寂靜的是怒顰眉的本尊，祂的眼睛長得像是稻穗，不是太圓，像稻穗的頭，也有點像毛筆，筆頭有點尖，中間有點胖，尾端有點細這樣子。

要區分是憤怒尊、寂靜尊還是怒顰眉，看祂的眼睛大概就能知道。我們每個人也都是這樣，開心的時候、和善的時候，眼睛就細細的、彎彎的、開開心心的，但是如果大家生氣時，眼睛就睜得很大、圓圓的。因此，透過眼睛你可以分辨出是寂靜尊還是憤怒尊。金剛亥母的眼睛，並不像是弓那樣

彎彎的，也並不是瞪得大眼的那樣子，是像稻穗一樣的。我們一般人也都可以從他的眼神看出來這個人是不是很幹練，很會做事之類的。

當眼睛長得像稻穗那樣的時候，嘴巴自然就會變成「齜張獠牙緊咬唇」，就是上面的獠牙會咬著下面的嘴唇。一個人的眼睛如果長得細細、彎彎、笑笑的，臉部變成的那個樣子是會有連帶關係的。大部分的金剛亥母，嘴巴是打開的，並沒有像這裡所形容的是咬著嘴唇的，但是在齜張獠牙緊咬唇的情況，是在噶舉不共的時候的一個相貌。

身紅三圓目閃耀

金剛亥母的眼睛有三個，雙眼之外額頭上還有一隻眼睛。整個身體是紅色的，祂的眼睛，不見得是真的有光放射出來，而是炯炯有神，展現無比的力量。一般而言，寂靜尊和憤怒尊的眼睛樣子是不同的，寂靜尊的眼睛是弓形，就是彎彎的像一把弓一樣；憤怒尊的眼睛，是那種瞪得大大的，睜眼怒視的眼睛；憤寂尊也就是金剛亥母的眼睛，是圓圓的、閃耀而有精神的。

赭髮直豎披垂散

赭是指深褐色，介於黑色與黃色之間。頭髮大部分是直豎

的，其他一部分自然披散著。

以上是形容金剛亥母的面容、身形等等，接下來是形容祂所穿戴的飾品和珍寶。

五骷髏冠為頂嚴

很多本尊的頭頂上都會戴有寶冠，象徵五方佛。但是亥母的頭冠比較不一樣，不是珍寶而是五個骷髏頭做成的。一般來說，寂靜尊的頂嚴，是在一朵蓮花上面，有「嗡 吽 章 舍ᵎ 阿」象徵五方佛的種子字，而憤怒尊跟寂憤尊的頂嚴是五骷髏冠。憤怒尊和憤寂尊的本尊，都是戴這種骷髏冠。

還有一種是只有一個骷髏的頭冠，這種打扮稱為黑嚕嘎妝束，是大成就者的象徵。例如帝洛巴、那洛巴大師，他們的頭頂上就是這種骷髏冠。成就者也有小、中和大成就者的分別，所以大成就者的象徵，就是頭冠上只有一個骷髏頭。

行蘊清淨之自性，五十鮮顱頸鍊垂

金剛亥母有一個特殊的莊嚴、裝飾是五十鮮顱頸鍊，垂掛在胸前，是人頭不是骷髏，象徵五十個行蘊的清淨自性。為什麼要五十個鮮顱呢？因為我們常說，有五十一個心所，將其中主要的心——心王除外之後，還有五十個，所以是五十個鮮顱，代表五十個心所的清淨。五十心所指的就是我們有

五十種不同的念頭，而其中好的或者叫善的心所有十一個，其他的都是一些不好的心所。所以，這五十個鮮顱的項鍊，就象徵五十個心所的清淨。

花鬘鈴鐺為嚴飾

金剛亥母身上還掛有花鬘，花鬘間還掛有鈴鐺，跟這五十個鮮顱掛在一起。

六度骨飾五手印

代表六度的骨飾有六個，應該稱為六手印，但是這裡只提到有五種手印，這是因為金剛亥母本身，就代表的是六度當中的智慧度。因此，祂就不需要再穿戴一個智慧度的骨飾。至於手印，並不是我們要結什麼手印的那個手印，這裡是指穿戴的意思，就是祂有穿戴著五種骨飾。

骨飾也就是裝飾，寂靜尊所穿戴的裝飾就是各種像金、銀、寶石，而憤怒尊或怒顰眉尊、憤寂尊穿戴的裝飾是骨頭，有這樣的不同。這五種骨飾第一個是法輪，第二個是項鍊，第三個是耳環，第四個是六個鐲環，第五個是綁掛在腹部的骨飾腰帶。這五個裝飾就稱為骨飾五手印。如果是其他本尊，還有骨頭的灰粉，但金剛亥母就沒有了，因為祂本身就代表六度當中的智慧度，所以只需穿戴骨飾五手印。

一般來說，五或六個手印，都是指用骨頭做成的裝飾：法輪代表禪定，項鍊代表布施，耳環代表忍辱，六個鐲環代表戒律，腰帶代表精進，灰粉代表智慧；金剛亥母本身代表智慧，因此沒有灰粉，只有五個手印。

手持鉞刀盛血顱

前面談到方智雙運具二臂，祂有兩隻手臂代表方便跟智慧，金剛亥母的右手是持鉞刀，左手拿了一個裡面盛滿了鮮血的顱器。鉞刀的全名叫金剛鉞刀，下面尖尖的有點像彎刀，在這把刀的刀柄上有一個金剛杵。刀跟顱代表什麼呢？刀代表智慧，顱代表方便，兩者具備，代表智慧和方便的雙運。

骨質天杖倚手肘

天杖也就是三叉戟，是由骨頭做成的，倚靠在祂左手的臂彎裡。一般的這種天杖是有三個叉的，但是金剛亥母拿的天杖上面有放三顆骷髏頭，第一顆是乾的，第二顆是腐爛的，第三顆是溼的，第一顆頭上是金剛杵，天杖是骨頭做成的。為什麼要有這個天杖呢？因為就像剛剛說，方便跟智慧是雙運的，所以亥母自己代表是智慧時，天杖代表了方便。

左足伸展施妙舞

亥母的左足是伸展的，右足是向內彎的，這樣的姿勢，代表

著施展著妙舞。

熾光遍耀三千界

亥母的背後閃耀著像是火焰一般的熾光，廣大遍滿三界。有人會以為這好像是冒著火焰的，其實並不是，它指的是有紅光遍耀出來，因為金剛亥母的身體是紅色的。

以上是介紹金剛亥母的樣子，我們所形容的金剛亥母，譬如穿戴什麼莊嚴？有幾隻手臂？拿著什麼東西？這些都只是一些象徵，重點是我們要瞭解這些象徵裡面的意思是什麼，能瞭解意思就叫做淨觀。

淨觀就是指你看到的是實際的意義，這個叫做淨觀。但我們在修持、觀修的部分，不會解釋那麼多的內容，在教授法本的時候就要講解，或者在學習教授註解本的時候，就要學它的意義，那時就會談到很多淨觀的內容了。

以上我們所談到金剛亥母外在的種種形相，譬如拿著法器、穿戴的莊嚴等等，稱作金剛亥母的外修法，就是亥母的外在形象的觀修次第，我們就要這樣來觀想。就像之前所說，剛開始觀修的時候，就像在水面上畫畫是一樣的，這一刻還告訴自己是金剛亥母，第二剎那就已經消失了。但是慢慢修持之後，你會發覺稍微清晰一點，自己的確就是那個樣子，然

後一直修，修到最後，你會發覺愈來愈穩固，只要一想金剛亥母，整個的相貌就會清晰出現。

觀修本尊，就是為了清淨執著。首先觀想我們擁有的一切如房子等等，轉化成一個三角形的法生越量宮，這就是要清淨「我所執」。再透過金剛亥母這樣的觀修，清淨了「我執」，淨治了蘊身為我的執著。以上的自生觀想，幫助我們清淨對於世俗相的貪執。

〔金剛亥母觀修步驟〕

嗡 梭巴哇須達 薩哇達瑪 梭巴哇須堆 沆	**清淨為空性** ・觀想一切都清淨為空性
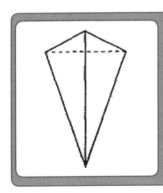	**觀想法生越量宮** ・觀想越量宮是立體的尖錐三角形 ・外白內紅

觀想蓮花座

- 觀想越量宮中有一朵蓮花
- 蓮花上面有日輪
- 日輪上有月輪
- 月輪上有一個屍身
- 屍身上再有一個日輪

觀想種子字

- 日輪上舍以字放光
- 供養佛菩薩同時布施、利益一切眾生
- 最後光回攝到舍以字

觀想金剛亥母

- 觀想金剛亥母的相貌
- 觀想金剛亥母的莊嚴
- 觀想金剛亥母的法器
- 觀想金剛亥母的姿勢

金剛亥母內修法、密法

哈惹尼薩四字化…
頂藍金剛空行母，喉黃珍寶空行母，
心紅蓮花空行母，臍綠事業空行母，
各持杵寶蓮與劍…所誌鉞刀及顱器，持倚天杖如其序。
卅二、十六與八尊，六四眷屬眾圍繞。

這一整段是金剛亥母的內修法，但是如果要修持內修法，這是要講很廣、很深的，而且內修部分是要在閉關實修時才會提到，所以這裡我就不多作說明。

為什麼稱為內修呢？因為內修要觀想我們身體的頂部、喉部、心部和臍部，並且和氣脈方面有關聯，所以被稱為內修。

觀修金剛亥母的專注要點

自身密處法生中，舍以與四尊空行眾

以上我們觀想自己是金剛亥母，這個金剛亥母被稱為誓言尊。誓言尊是在金剛亥母日修儀軌的禪定觀修中，最重要的部分——以上這兩句，就是禪定觀修的重點。一般而言，練習專注和禪定的焦點，會是在心間，但是在金剛亥母的觀

修，專注、禪定的焦點是在自身密處的法生中央。所以這兩句說，法生當中有一個舍以字，並且還有四尊空行眾。

四尊空行眾在外修的時候，是屬於眷屬眾，所以是在主尊金剛亥母的四周出現。主尊前方的是金剛空行母，身體為藍色；右手邊是珍寶空行母，身體為黃色；後方是蓮花空行母，身體是紅色；左方是事業空行母，身體是綠色。

祂們手持的法器一樣，都是鉞刀和顱器，但是不同的地方在於鉞刀上。金剛空行母的鉞刀上面有一個杵，珍寶空行母鉞刀上，是一個珍寶，蓮花空行母的鉞刀上是一朵蓮花，事業空行母的鉞刀上是一把劍。除了這樣的差別，身形跟主尊是一樣的。

以上的主尊和眷屬尊——四尊空行的觀修，因為屬於外修的部分，因此四個空行母，是圍繞在主尊的周圍。初學者應該這樣去觀想，這是因為四尊空行的觀修，是為了清淨我們對於世俗眷屬——如朋友、家人的執著。

在外修觀想的時候，我們觀想從「舍以」字轉變成自身就是金剛亥母。觀想完這個外相之後，一般來說接下來要觀想安立一些咒字，就是「嗡 阿 吽」。由於金剛亥母身口意的本質就是「嗡 阿 吽」三個字，所以這裡我們不需要特別觀想這三個咒字，但是我們需要觀想、安置的是種子字。

身體有幾個部位,從上而下是頂輪、喉部、心間、肚臍與祕密處,金剛亥母的種子字要觀想在祕密處。「自身密處法生中」,也就是說在自己的祕密處有一個法生宮,這就是金剛亥母的宮殿。

「舍ᵈ與四尊空行眾」,在法生宮殿觀想完之後,在這之上有一朵四瓣的蓮花,這個種子字「舍ᵈ」字,就站在蓮花的中心上。這裡有提到四尊空行眾,要觀想有主、從總共五尊的金剛亥母,這也是按照第一世大寶法王杜松虔巴的傳承,有一尊主尊的金剛亥母,周圍有四尊。

我們在外修金剛亥母法的時候,最開始已經觀想自己就是主尊的金剛亥母,所以接著的四尊空行眾,是觀想在自己的前方、後方、右方跟左方。

〔金剛亥母與眷屬尊的排列位置〕

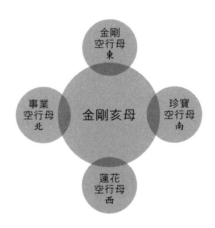

心間四字放光明

心間四字就是「哈 惹 尼 薩」，就是在每一位空行母心中，有一個種子字。「哈」是在金剛空行母的心間，「惹」是在珍寶空行母的心間，「尼」是在蓮花空行母的心間，「薩」是在事業空行母的心間。我們清楚的觀想四方空行母的心間，分別有「哈 惹 尼 薩」四個種子字，同時也觀想自己是金剛亥母的主尊，在自己的祕密處法生宮的蓮花之上，也有一個種子字「舍以」。這個就叫做安立或者叫安置，是安放一個咒字的意思。

最重要的不見得是這個種子字的外相，當時是梵文的時候，寫的是梵文並不是藏文，「哈 惹 尼 薩」四個字的重點，是我們要瞭解這個咒字的涵義。有些人不懂藏文的話，要觀想種子字會比較困難，所以不一定要觀想是藏文的種子字，也可以觀想中文的「哈 惹 尼 薩」四個字。我們是要瞭解到「哈」就是金剛空行母的種子字，「惹」是珍寶空行母的種子字，「尼」跟「薩」也分別代表的是蓮花跟事業空行母的種子字。這時我們觀想的四尊或是自己的本尊也好，都是叫「誓言尊」。

從鄔金境作迎請，瑜伽母眷虛空住

從誓言尊放射出光芒，要迎請金剛亥母智慧尊回來，所以光

芒要照射到金剛亥母的淨土鄔金境，從鄔金境迎請瑜伽母和眷屬眾，來到我們的前方虛空中。

我們要迎請智慧尊的融入，這時候的金剛亥母們是住在祂們報身的淨土，也就是鄔金淨土。我們之前觀想的都只是符號性的金剛亥母，真實的金剛亥母或者說報身的金剛亥母是在淨土的，祂也可以被稱為智慧尊的本尊，所以我們要迎請，之後融入到我們自己所觀想出來的這個誓言尊。

迎請智慧尊的時候，我們要作一段觀想。觀想這些種子字放光明，在自己的祕密處的這個「舍以」字，還有在四個方位的空行母的心間的種子字要放光明。光芒放射到報身的金剛亥母的鄔金淨土，當這些光芒回來的時候，將所有在這個淨土中的金剛亥母，不論是主尊也好，眷屬尊也好，全都迎請到前方的虛空而安住。也就是自己的誓言尊放射出光芒之後，迎請智慧尊回來，安住在虛空中。我們自己是誓言尊，前方虛空中有智慧尊，誓言尊像是水，智慧尊像是冰塊，兩者的本質是一樣的，只是暫時的情況不同而已，所以要這樣子來想。

智慧尊融入誓言尊

我們要對「誓言尊」和「智慧尊」這兩個用詞，有清楚的

認識。我們自生觀想的本尊，稱為誓言尊，迎請過來的叫智慧尊。比喻來說，自己觀想的誓言尊，就像盆子裡的水，迎請來的智慧尊像是冰塊，水和冰塊本質沒有差別，同樣地，誓言尊和智慧尊的本質也沒有差別，只是兩個不同面向而已。

彼諸身化無數身，融入自身暖樂生；語出「阿利嘎利」聲，融入自口勢力生；心降菩提心甘露，入自心生樂空定。

前方迎請來智慧尊之後，接著次第觀想從智慧尊變幻出無數的本尊身，融入到自身——誓言尊，此時心中要想自己就得到了暖和樂。接著再從智慧尊的口中，出現「阿利嘎利」的聲音和字形，然後融入到我們的口中，我們就得到了力量。之後，從智慧尊的心間，降下不間斷的菩提心甘露，融入我們自心之後，我們得到了樂空的禪定。

諸尊一一融自身

諸尊就是指智慧尊主尊和周圍的空行母等等眷眾，一一融入到自身，也就是主尊融入到自己，眷屬尊則融入到我們周圍的眷屬尊。

當智慧尊融入到誓言尊之後，兩者就是合而為一了。就好像之前的比喻，前方的智慧尊像是冰塊，我們自己像是水，

智慧尊融入到我們就像是冰塊溶入到水中，變成是無二無別的。這時候智慧尊還有嗎？並不會有的，因為祂已經跟誓言尊合而為一了。

無二部主為頂嚴

無二的意思是智慧尊融入自身之後，和我們誓言尊無二無別，就像是冰塊溶入到水中一樣，再分不清楚哪一個是冰，哪一個是水。這是因為法性本一，無有差別的道理。

部主是指這個本尊所屬部族的主人，金剛亥母的部主是大日如來，這時我們的前方是東方的金剛空行母，部主是不動佛；我們右手邊是南方的珍寶空行母，部主就是寶生佛；我們的後方是西方的蓮花空行母，部主是阿彌陀佛；我們的左手邊是北方的事業空行母，部主是不空成就佛。自己金剛亥母加上周圍四尊，就是五方佛。

部，可以分為身、語、意、功德、事業五部，這五部分別以五方佛作為頂嚴來象徵。大日如來代表身部，東方不動佛代表心部，南方寶生佛代表功德部，西方的阿彌陀佛代表的是語部，北方的不空成就佛代表的是事業部。

五部歸成一部時，就是第六金剛總持部，所以就成為六部。為什麼要作這段解釋呢？因為你們可能會聽過，金剛

總持叫做第六金剛總持，有時也稱為法身第六金剛持，這裡的六，不是指有第一、第二等等第六尊金剛持佛，而是指就是五方佛的主體。所以在五方佛之後，會說第六個就是金剛總持。

五方佛是就果位上來說的，而成就五方佛果位的因是什麼呢？就在我們自身的身口意。譬如說，我們有身體、有語，我們也有過失和功德。同樣地，我們每個人都有工作、事業，但是每一個人有的不盡相同，有的身形莊嚴，但是聲音不好聽；有的是長得很好，聲音也好聽，頭腦也不錯，但是沒什麼功德；有的人長得其貌不揚，但是非常勤奮，事業做得很好。

所以，由於每個人有不同的特質，果位的五方佛也有不同的顏色和身形來代表。白色代表身，藍色代表心，黃色代表功德，紅色代表語，綠色代表事業。我們常會聽到部主這個詞，現在就能瞭解是屬於哪一個部的意思，例如觀音菩薩，是屬於五部當中的語部。這是因為眾生的情況不同，所以有不同的調伏方式。

每一位空行母都有屬於祂的部主，所以祂們的顏色也都會跟祂們的部主一樣，像金剛空行母的身體就是藍色的，跟不動佛的顏色是一樣的；珍寶空行母是黃色，蓮花空行母

是紅色，事業空行母是綠色。那麼，金剛亥母屬於大日如來這個部主不是應該白色的？金剛亥母卻是紅色的？因為金剛亥母的咒語當中「嗡 班紮貝若紮那」，貝若紮那就是毗盧遮那，也就是大日如來的名號，就是已經有了部主的象徵。

很多密乘的觀想都會提到某某本尊是自己的部主，這個意思就像是說我們每個人，都會觀想自己的根本上師在我們的頭頂上。同樣地，當我們看到每一位本尊的部主時，也就好像觀想上師在我們頭頂上一樣。

迎請智慧尊融入到我們的誓言尊這一段，就是得到灌頂跟加持。「彼諸身化無數身，融入自身暖樂生」這就是瓶灌；「語出阿利嘎利聲」這個是語灌，代表祕密灌頂；「心降菩提心甘露」是心的灌頂也叫智慧灌頂；「諸尊一一融自身」，全部無二的跟我們融入就是文字灌頂。因此可以說，我們每念一遍金剛亥母的儀軌，就等於自己領受了一次灌頂。

一般灌頂有分為：因的灌頂、道的灌頂、果的灌頂。因的灌頂是指我們最初跟隨某位上師，求得這個灌頂；道的灌頂是指當我們修持這個法門，我們自己領受這個灌頂；果的灌頂就是各位哪一天真正修持、成就了金剛亥母的那一刻，就得

到了果的灌頂。在直到證得這個果位之前，我們要不斷地修持道的灌頂，這一段是很重要的，得到的加持都在這裡，是真正的灌頂。

實修經驗

一位修持金剛亥母的行者，是要有階段性的。最開始外修的部分，持誦的是一個比較長的咒語，要念滿四十萬遍，然後再觀修外修的這些內容，大概要經歷四個月的時間。所以，在閉關中心裡，是修最主要的本尊——金剛亥母，外修的部分就要持誦圓滿這些咒語。

在修外修的時候，互相閉關的這些行者，有意義的話是可以說的。那一段時間也會比較熱，所以也是可以允許洗澡，包括剪頭髮、洗頭髮這些。之後開始進入到內修的時候，大概要六個月之久，這期間是禁語的，同時這時候也是不可以洗澡、不可以剪頭髮、不可以剪指甲，就像一位瑜伽行者。六個月的時間，差不多頭髮也長到齊肩了，在內修這一段時間，並不一定會碰到夏天或是冬天，如果是冬天當然是不洗澡比較好，但喇嘛說他們習慣在夏天也是不洗澡，所以對他們來說不是太大的影響。但是不洗澡這還好，頭髮長長的滿不舒服的，以前沒頭髮還好，現在有頭髮之後，風吹過來的話，頭髮都會在那兒飄，就會讓頭癢癢的，所以只好把它綁

起來。

在這一段內修的期間，是非常非常嚴格的！因為這一段期間
要觀修的是氣、脈、明點這些的修持，尤其我們在觀想氣
脈，還有同時觀修心、氣無二的法門，氣跟我們的血都是有
關係的，如果氣沒有調好的時候，很容易讓你的血液、血壓
也會上升。如果沒有控制好，氣血衝上頭的話，會容易讓心
非常的煩躁，或者說會頭痛、頭昏，或者眼睛會變紅，甚至
有的人也會有瘋掉的情況。不僅是經典上這麼說，傳承上也
有這麼說，而且實際也真的是會有這樣的情況，所以，在內
修的時候是非常嚴格的。

這裡沒有辦法解釋每一個詞句，傳統的話，在閉關中心裡面
就是解釋一句教一段然後再修。在內修的時候持誦咒語有
五種方式，所以也會有五種的觀修方式。其中有一種叫做放
攝跟收攝的念誦法，這當中就要作四十八種的觀想，是非常
廣跟非常多的，而這四十八個觀想也不是簡單的，內容是很
豐富的。除此之外，還要再配合自己的氣跟脈去觀修，所以
是非常深廣的。所以，這裡我們就不會多作解釋，只是日修
簡單的念誦而已，如果真的要內修，或者閉金剛亥母的關的
話，是有其他更廣的法本與儀軌的。

但是，我們還是可以念誦，多念誦這些經文的話，也幫助我

們種下一個善的習氣，將來哪一天因緣成熟的時候，我們有可能就真的這樣去閉關，修持這些廣的儀軌。在閉關中心，白天、晚上二十四小時都要盤坐在禪椅上，剛開始簡直是無法習慣，因為睡也要坐在那兒的。但是《入菩薩行論》裡面有說，任何事情你只要習慣了，你就能夠接受它、習慣它，所以最後還是習慣了。

的確，閉關裡面有很多是不容易習慣的事，光是這個座位，都會不太習慣。那時候晚上睡覺都要坐著，背後是能靠的，但是左右不行，頂多是右邊手枕著一下，剛開始都睡不著，的確也像龍樹菩薩說的有睡滿六個小時，但是實在睡得很不舒服，有時候會頭痛、肩膀痛、身體也會痠痛，因為腳要盤坐著也不能夠有枕頭。但是，第二年開始就很舒服，也開始會修金剛亥母了，如果剛好又是碰到冬天的話，會穿得稍微厚一點的衣服，晚上坐在那兒也很好睡，早上叮叮打板敲鐘一響，起來張開眼，就可以馬上修法。

還有，在金剛亥母內修的那一段時間，常常穿著裙子，甚至一個月都不會鬆掉綁帶的，頂多是有時候要洗，不然是不會脫的。有時候坐在那裡，甚至都完全分不清楚現在是早上、是白天、還是晚上？在那個時候，你會有一種完全與世隔絕的感覺，不會有任何外面的東西讓你散亂，甚至一點這些念頭都沒有。這是我個人的一個經驗。

有的時候，因為坐得非常久，腳踝因為磨到地也會流血，就是變成現在黑黑的一塊。雖然有那樣子流血，但不管怎樣還是要坐在那兒，當時也就是忍著，繼續修下去，藉此機會也發願迴向，就好像我們會觀想一切惡業像是膿血流出去，雖然是會痛的，但是可以這樣觀想與發願，心中卻很歡喜。

以前我有高血壓，突然站起來就會頭昏、甚至昏倒。當時閉關時，有一天早上起來的時候，頭很痛，到了洗手間就開始流鼻血，流得非常多，像是水龍頭一樣一直流，大概流了十分鐘左右，整個盆子都滿了。剛開始還沒有跟其他人說，但到後來稍微移動就會流鼻血，所以就跟他們說要找醫生來。閉關時我們是不能出去的，但是醫生可以進來，醫生治療時，也把我嚇一大跳，因為他把一條很長的布，往我鼻子裡面塞，沒想到竟然可以全部塞進去。這樣塞了三天，這三天當中，包括吃東西也好、休息也好、念誦也好，都只能靠著背，完全沒有辦法坐直。當右邊鼻孔塞好了，左邊又開始癢，過幾天又開始流不知道是膿還是水，一直流不停，半小時之後又把整個碗流滿了！一邊是流血，一邊是流水，三天之後醫生又來了，把鼻子裏面的紗布也拿出來了，就好了沒有再流血了。那一次之後，高血壓的病完全就好了，現在再不會有這種病了，現在都好了。

我自己經過這樣的經驗，真的很有信心，相信這的確不僅把病治好，而且覺得真的是清淨了罪障。很多時候，發生一些事情，到底它是障礙，還是它是一種功德、一種成就，有時候你說不清楚的，在那個當下好像生病了，是一種修行上的障礙，但是從長遠來說，還真的是修行的一種成就。

06

修持禪定

生起次第的觀修方法，第一個步驟，我們觀想清楚金剛亥母的樣子、外相，接著是觀想迎請智慧尊融入，第三個就是要修持禪定了。修持禪定首先要作念誦瑜伽，就是要持誦咒語。在密乘當中，要修禪定就是要持誦咒語來幫助我們禪定。透過觀修來修禪定，就是你要專注在一個東西上，這個專注的境就是咒輪，還有中間的種子字。止禪是什麼？就是你要專注在一個東西上、一個所緣境上，如果沒有一個所緣境讓你專注的話，就不會是止的禪修了。

咒字觀想

在密乘當中，能幫助我們禪定、專注的對象是什麼？就是咒字。持咒然後觀想咒字，共有四個階段：第一個階段的觀想，就像星星圍繞排列在月亮周圍一般，就是觀想在月輪周圍有咒字，它們都是靜態的。第二個階段的觀想是動態的，

像是火炬或火把在旋轉，這個時候的咒語、咒字就開始動了，旋轉如同火輪一般。第三個階段的觀想，要像是一位國王派出他的大臣一樣，國王一定是有重要事情才會派大臣出去的。觀修的時候，咒字要會放光，光要放射出去到淨土去再回攝回來，就好像國王派出大臣是有意義的，這樣子來作觀想。第四個階段的觀想，可以形容為蜜蜂窩掉了下來，所以就有蜂蜜可以吃了，這裡的蜂蜜象徵的就是加持，也被稱為成就，意思是次第透過前三個持咒的觀想方式之後，到了第四個，也就是最後能夠得到成就與加持。

這四個階段要配合生起次第的觀修，才能夠成就。所以，這都是包含在生起次第裡面的觀修，之前說的本尊觀修還有積聚資糧部分，都是一樣的用意，都是幫助你專注在某個境上。但是這裡要強調的，就是透過這四種持咒的觀修，幫助我們禪定。持咒的時候，你可以看得出來，讓我們專注的對象是很特別的。我們在觀修本尊也好、積聚資糧也好，或者說這裡提到的持誦咒語的四個階段也好，在外修、內修、密修裡面，都會有提到觀修本尊、積聚資糧，但是外修時專注的是持咒的四個次第中的第一個，而內修就是專注在不同的次第上面。

所以，外修的時候你要專注的就是第一個，像星星圍繞著月亮的、靜態的這種觀修，專注在這個咒字上就好。第二個像

火炬一般動態的旋轉，是在內修時才要觀想的。第三個如同國王派出大臣一般的，是在內修當中特別的一種修法——壇城修持法時才會用到，在之前的觀想，都只作自生觀想就好，但是到這個壇城修法的時候，會有觀想到他尊，所以會有這第三種持咒的方式。就如同國王派出大臣一般的，也是幫助我們禪定專注的一種方式，除了透過自生觀想，也要觀想壇城、對生觀想。像是火供、薈供時就會用到這樣的觀想。第四個像是蜜蜂窩掉下來的觀修，是指說之前透過了前三個次第：星星圍繞著月亮、火輪旋轉、國王派出大臣的觀修之後，第四個指的就是自入，自己進入壇城叫自入，或者另一個名稱叫得灌頂，或者得加持。

一切的法本中，談到有關持誦觀修的不同的階段，都包含在這四個當中了。如果你完成了這個持誦的四個階段，可以說你就圓滿了生起次第的修法了。我們在修金剛亥母的外修法時，碰到的就是第一個階段——星星圍繞月亮一般的排列，這樣子的觀修。總之，大家要抓到一個重點，無論你修任何無上瑜伽續的本尊觀修法，要持誦咒語的話都離不開這四個，這是最重要的持咒、念誦的觀修。在觀修各種本尊的時候，都會觀想咒字圍繞在心間。但是在金剛亥母的外修時，觀想這些咒字排列，就好像星星圍繞月亮一般。

咒字觀想的部位

〔咒字觀想的部位〕

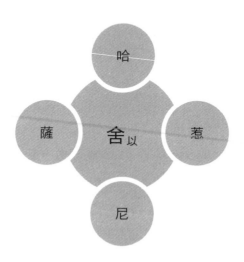

那麼，觀想的部位在哪裡呢？就是在祕密處。可能一般人會想說怎麼會觀想在祕密處？因為我們覺得祕密處就是骯髒、污穢，或者是一個不堪一提的部位，但是在這裡觀修的時候，它在密意裡是有非常殊勝的意思的。

祕密法生四瓣蓮花中，「舍以」與瓣上「哈惹尼薩」字

事實上，如果各位以後按照外、內、密的金剛亥母修持時，到了觀想祕密處的時候，就是指到了內修的時候，才要觀想

咒字在祕密處。如果按照次第作外修的觀想，是要先觀想在心間的。但是，因為現在介紹的是一個簡略的法本，將外跟內的修法、觀修合在一起了，所以這裡就是祕密法生——祕密處。

最開始我們自生觀想時，觀想一切轉變成空性，然後空性中出現法生宮，這是大的、在外的法生宮；持咒修持禪定的時候，也要觀想一個法生宮，這個法生宮是在祕密處。法生代表的是什麼意思呢？就是空性的意思。祕密處的法生宮上有一個日輪，日輪上面有紅色的「舍ᵍ以」字。同時，也要觀想在自身金剛亥母的前、後、左、右的四個花瓣上，四個空行母的心間，有四個咒字：「哈葱尼薩」。

咒鬘左旋圍繞「舍ᵍ以」字旁，成辦諸利咒輪放光明

咒鬘，也就是金剛亥母的心咒：「嗡 班紮 貝若紮尼耶 哈葱尼薩 吽吽呸梭哈」，要順時鐘向右排列在祕密處「舍ᵍ以」字的周圍。左旋是指它是動態的，從第一個字開始逆時鐘向左旋轉。但是，這裡的咒字旋轉，不是指四種持咒的第二個如同火炬一般的轉動。像火炬一般的轉動，是在內修時會用到的觀想，內修時會觀想空行母在自己的頭部、喉部、心部、肚臍跟祕密處，而這時的咒鬘如同火炬般轉動，從一個下面的部位，往上轉動到另外一個部位。

「成辦諸利咒輪放光明」，咒輪有一個名稱就叫做「成辦諸利」。我們專注的對象就是在這個咒字和咒輪之上。這種修持的時候，有一個重點，就是身體要坐直，身體坐直再作成辦諸利的咒輪的觀想與持誦時，具備心氣無二的這種觀修，一定會有感受的。

你可能會問：會有不好的感覺？還是會有好的感覺？是會有好的感覺的。這時如果有這種善妙的、好的感覺生起的時候，就將你的心專注在善妙的感覺之上。但不要有執著跟貪執說：哇！我有這種好的感覺，我已經證悟、修成了，得到成就了！如果有這樣的執著，反而會成為一個障礙了。這時候需要的是不要有得失心，不要有一個想要得到好的感受的心，也不要有怕這個感受消失了的恐懼心，都不要。

你能不能夠有這種善妙的感受生起的關鍵，在於你的身體有沒有坐直，心氣無二的自性要點就在祕密處的脈中。基本上，如果於祕密處作心氣無二的觀想，可能會有善妙感覺，也可能會有不好感覺等等，你會發覺這跟你觀想在心間時有很大的不同。心氣無二就是放在那個咒字上，專注在咒字上，這也是為什麼在持金剛亥母咒的時候，不要念出來，因為當你張開口發出這個聲音，念出來的時候，你的氣就出來了，並沒有真正將你的心跟氣同時專注在咒輪上。這個時候你就是要心氣無二的專注在咒輪上，放在這

個咒字上。

以上，正行的修持就看個人要持多少遍、多長的時間了。這裡是簡略的說到持咒的方式與觀修。

07

修行的關鍵時刻

之前我們作生起次第的時候，是符合世間生長的時節、生長的次序而觀修，就好像我們最開始在母胎，有父精、母血、心識這三者合一之後，身體慢慢形成，最後出生的過程。我們在觀修的時候，首先一切轉變成為空性，空性當中有法生宮，有日輪、月輪、屍身、日輪，上面有種子字，種子字化身為一位金剛亥母本尊身，這是生起次第本尊的觀修，也是配合一個人出生的整個過程，這樣的觀修方式叫做「有所造作」的觀修瑜伽。稱為有所造作是因為要一個一個刻意去想出來，而有造作相對就是無造作，下個階段就會談到無造作的觀修瑜伽。

預知死亡從呼吸覺察

無造作的觀修瑜伽指的就是圓滿次第，它配合的是整個世間

如何衰滅、毀滅的次序。我們談到死亡的時候，除非是一些特殊的大災難，是一剎那就走了，但一般來說，死亡是有階段的。死亡本身其實並不讓人害怕，讓人害怕的是死亡的因緣。因為我們會遇到什麼樣的因緣，怎樣死的方式是不知道的。我們都知道一定會死，但是我們不知道會怎麼死，死的因緣是什麼？傳統上會這樣說，如果一位生圓二次第修持得非常好的人，尤其是一位圓滿次第修得非常好的行者，他在三年前就會知道自己什麼時候會死亡。他是透過怎樣的徵兆，能夠預知三年之後他會死亡呢？我們每個人的呼吸都會有幾個階段，吸進來，然後駐留，再呼出去，都會有這樣的循環，但是一般人連自己的呼吸都無法覺察到，怎麼可能覺察到死亡的徵兆呢？

我們說呼氣或吸氣都是透過兩個鼻孔呼出去、吸進來。事實上，對於一個普通人來說，你覺察不到呼吸，因為呼吸很細微，有地水火風空這種的氣息會出去的，對一位有修行的人來說，他能夠覺察到地的風呼出去的時候，長度是到哪裡，呼出去的範圍是哪裡，然後火的話會再長一點⋯⋯但如果一個沒有這樣修的人，是覺察不到的。一位能夠預知自己死亡的行者，就是從呼吸覺察到自身地水火風空五大力量慢慢衰退了，看到呼吸的力量小了之後，就知道五大的力量也小了，就能夠預知死亡的時間，他還剩多少年等等。

死亡的四種顯相

1. 地大融入火大

離死亡更近一點的時候，就會有四種顯相次第出現。第一個
階段是身體中的地大要融入到火大，身體裡面的地大指的就
是我們身體的一種重量，也包括了我們肌肉的活動各方面，
當地大融入火大的時候，身體會開始變為比較僵硬，無法
行動，身體肌肉活動的能力開始消退。舉例來說，他可能手
無法抬起來，腳無法抬起來等等，雖然還活著但是身體是無
法行動的。我們要認知，如果有這樣的情況生起的話，譬如
無法行動了，這就是快要死亡了，這是地大融入到火大的情
況，如果有些人不知道這種情況，就不會知道原來我離死亡
很近了。

2. 火大融入水大

再來是火大要融入到水大，火大的力量消減的徵兆是什麼？
就是身體的溫度開始降低，溫度的消融是先從腳部開始，腳
會開始涼，如果感受到腳越來越冰冷，就可以知道是火大融
入到水大。

3. 水大融入風大

接著是水大融入到風大，水指的就是我們身體裡面的各種水分，這時水分逐漸消失，眼睛、嘴巴等等都會乾掉。

4. 風息

這時候我們身心唯一剩下的就是風息，五大當中只剩下風大時的徵兆是什麼呢？就是你的氣息會變得非常長，不再像我們平常一樣會呼吸急促，氣是很長的呼出去，再很長的吸進來，這個時候唯一跟心有關聯性的是我們的氣息，其他力量已慢慢完全沒有了，只剩下一口氣。

當只剩下心跟氣的關聯時，細微的相就會產現。第一個相是一切都是白色的，白白的一片，因為我們身體形成的時候依靠的父精是白色的（白菩提），這時父精的力量在消退，所以會看到白色一片。第二個相是會生起紅色一片，這是因為從母親得到的紅血（紅菩提）也在消失了。第三個相是紅色會融入到黑色，又變成是黑色的一片，好像是昏過去一樣一片漆黑，為什麼會有這樣的情況呢？這是因為父親的白菩提（父精）在我們的頂部開始往下降，母親的紅菩提（母血），在我們的肚臍也陸續往上升，當父精母血的白紅菩提在心間碰到，兩個合在一起時就會變成黑色的一片。在這個時候我們心氣無二的這個氣，已經從我們的身體散失出去

了，也就代表是真正死亡的時候了。所以，一位行者慢慢覺
知到他的呼吸改變，知道內在五大的消融，再經過最後白、
紅、黑色的情況產生，就知道這是他要死亡了。

修行的關鍵在死亡的時刻

當我們說死亡，是指我們的氣從身體出去，心氣合一的狀態
要出去的時候，會從身體九個竅門中的一個出去。對於一位
修持自在的人來說，最好成就的也就是這時候，他的心會從
梵穴出去，這就叫做最殊勝的破瓦法，要投生到極樂淨土也
就是指這個時候。從梵穴出去，要把你心氣無二的心氣導入
到中脈，然後才有可能從梵穴出去的，所以一般凡夫是做不
到的。如果沒有辦法從梵穴出去的話，至少要從身體上部的
其他竅門出去，不要從身體下部的這些竅門出去，從下部出
去就是到三惡道。所以，我們說有沒有真修行，修行能不能
真正派上用場，能不能解脫，其實關鍵在死亡臨終的這個時
候。

死亡的景象

在最後漆黑一片的時候，我們原有八個心識中的前七識都已
經阻斷了，只剩下第八識。所謂黑色一片是指我們進入到阿
賴耶識，停留、安住在這個阿賴耶識上，在那樣一個所謂昏

過去的時候，對於凡夫來說，昏過去就是心安住在這個阿賴耶識當中，所以是昏過去的一片。但是對於一位有修行的人來說，這時候是安住在阿賴耶智，就是本智的智當中，也叫做死亡的法身光明當中。

一般人在這個時候，一個星期當中會有三天半的時間，是在這樣一個昏過去的情況，接著三天半之後就會醒來。他是如何醒來呢？是因為被自己的業力、業風吹醒。業風跟我們結合時，就不是阿賴耶識了，這時候是我們的第七煩惱識，煩惱識跟業風合而為一，就讓我們醒來。醒來之後受到業的影響，你會看到各種景象，就到了中陰身了。如果生前你真正有大的修持，或者大的善行等等，會在這個時候出現善的景象；相對地，那些生前造惡很嚴重的，因為心中有這種很深的造惡業的習氣，在這個中陰階段的時候，他看到的都會是引領他到三惡道去的景象。

中陰之後接下來會遇到的階段，就是要準備投生。這時自己善惡業的影響是很大的，如果這時候善業很強，就會讓我們投生到三善道，如果是一個大惡人，就會投生到三惡道。

投生要透過四種出生的方式，其中一種叫做化生。化生是馬上就變化出來的，惡業重的人就是這樣，像是投生地獄、餓鬼道的眾生，前一刻中陰的景象一消失之後，馬上就落入到

惡道當中，經驗各種飢渴、冷熱的痛苦。溼生跟卵生大部分
都是畜生道的眾生，畜生當中有少部分是胎生，我們說人道
是胎生。

如果在這樣一個準備投生的階段，具備善業的人，這時候並
不會看到父母的相，而是看到一座華麗的房子，或者一個高
廣的法座，看到之後他的心識就投入進去了，投入進去就是
指他投生了。因為善業的這種牽引，他會投生到一個好的家
庭，或者說是一個充滿快樂、福德的家庭去。當然也有一些
中等善業的人，這時候看到的景象是有洞的房子，他就會朝
這個洞裡面鑽進去，這時候他就投生到這樣的母胎中，可能
在出生或者在胎中就會有一些痛苦，出生之後也會有一些痛
苦，遭遇許多的障礙、挫折，然後可能會經歷貧窮等等，一
些福氣比較不夠的情況。這是凡夫投胎的過程。

對於一位修行者來說，他不像一般人處於黑暗，並不是安住
在阿賴耶識，而是安住在阿賴耶智，也就是在法身光明中，
我們形容叫做「入定」，看他入定多久，進入在這個法身光
明當中多久，當他出定之後，可以看到各種境相、淨觀，然
後他就可以投生到報身淨土，聽聞到報身佛的法教等等。如
果是一位修持淨土法門的人，他安住在阿賴耶智也就是法身
光明時，當他醒來的時候，因為過去生發願要投生淨土，所
以這個時候就可以投生到淨土，或者投生到一些報身佛的國

土。所以我們常說，你要往生淨土指的就是這個時候，並不是說你的身體跟你一起到了淨土，這個時候是進入到報身的淨土。如果他還想要利益眾生，這時候他就會變幻出化身，化身就會選擇投生，但這裡的投生他並不會看到好的房子等等被動的景象，他要化身利眾的時候，會透過五種觀察主動地選擇來投生。

習氣的影響

死亡的那一刻，最關鍵的是會昏倒在自己的阿賴耶識當中，還是醒覺於自己的法身光明當中，就在於我們生前的修持有沒有做得很好。這可以說是我們為什麼要修行的最根本原因，修行絕對不會為了今生的名聲或者是財物，如果只是為了名聲、財物等等目的而修的話，死亡那一刻不曉得會慘成什麼樣子。所以，我們在生前有這種常常修行，或者行善的習氣的時候，是很重要的。習氣都會存放在我們的阿賴耶識當中，如果我們在那一刻沒有安住光明昏過去了，醒來的時候進入到了中陰，隨著你的醒來，這時候業風會吹起來，之前善業的習氣出現的話，就會把你帶到善道去，如果是惡業重的話就會被牽引到惡道，善惡在這個時候是很關鍵的。

阿賴耶識，是輪迴的根本；阿賴耶智，是涅槃的根本。一個代表的是過失，一個代表的是功德。不論是阿賴耶識或阿賴

耶智，這樣的識跟智的基礎就是我們的心，是這個明空不二的心。從心的本質上來說有明空不二，從空分的角度來說並沒有識或智的差別，因為這是一如的、一味的。但為什麼會有識跟智的差別呢？它從哪裡生起的呢？它是由我們心的明分當中而產生的，在這個明分當中，譬如受到了我們無知、無明染污的阿賴耶識，就會造成輪迴的各種顯相，而明分當中的明白覺知就是涅槃。所以，兩者從本質上來說都是一樣的，沒有差別，差別的產生是在於心的本質之一的明分。明分當中有無明跟明這兩者，變幻出了輪迴跟涅槃，產生了阿賴耶識跟阿賴耶智。

舉例來說，就好像白色的海螺，一個有得膽病的人看到的是黃色的，沒有生病的人看到的是白色，兩者可以說都是在明分當中看到，只是一個因為他生病了，看到的就是一個黃色的海螺，另外一個沒有生病，展現的相是白色的海螺。如果我們再問說，這個被看到的黃色海螺跟白色海螺，黃色和白色本質就實有存在嗎？也是沒有的。無論同樣一個東西顯現的相是白色，或者被看成黃色，本身都沒有一個真實存在性。所以阿賴耶識也好、阿賴耶智也好，本質都是一樣空性的，唯一差別在於明的部分，明分當中因為有覺知跟不覺知，或者無明跟明白這兩者的差別，因此會產生輪迴跟涅槃。

這是為什麼我們要修持最重要的一個原因，也就是要讓我們有各種善的習氣，善行其實幫助我們在明分顯現的時候，可以顯現這些善的習氣。這些見解、道理、觀念要非常的清楚，而且要真正透過思惟，生起一種確信，如果沒有這樣的一種見解而觀修本尊的話，很多人會以為好像我修了這個就可以親見到什麼本尊，還可以跟祂們說話聊天，或者說馬上就可以投生到某個淨土去，觀修本尊並不是這個意思的。這是我們修持的關鍵，臨終的時候，我們是不是能夠真正得到解脫，或者說投生到淨土去，都在這個階段。

心的力量

大概十年前，我認識的一位朋友臨終前，有人請我過去，這個朋友並不是修行非常好的人，他就是一位很謙虛、很善良的人，以前曾經出過家。我到的時候，他才剛剛往生，他最大的特點就是對法王的信心非常強，心中就只有噶瑪巴。所以臨終的時候，朋友陪在他身邊，朋友在最後那一刻在他的耳邊大聲地喊：「啊！你現在快要死了，你要專一地向噶瑪巴祈請、發願。」他點了點頭，一合掌，然後流了眼淚就走了。所以，你可以看出心的力量有多強，如果你真的信心非常強的話，那一刻你可以想到噶瑪巴，而且得到這樣的利益。因為他生前對法王噶瑪巴的強烈信心，所以在死的那一

刻一有人提醒他，他馬上就專一在那個上面。同樣地，我們生前、現在最專注的是哪一個修持，在你臨終的時候，如果一有人提醒，譬如說你修淨土的話，那一刻你馬上一定可以投生淨土。

這真的是非常重要，修行也真的是非常重要！在那一刻就是身心要分離的時候，心會從某個部位出去，你一定要把握將心導引到該去的地方，這是你在臨終時，唯一能做的最正確、也最重要的一件事情。如果你能做到，就代表你已經能夠自在駕馭你的心了。但是，對於沒有修行的人，可能你跟他說他快要死了，反而會非常生氣，甚至要人趕快救他，找醫生，或者說要搬到哪裡去等等。

我們噶舉的許多修行者、上師們，在要圓寂的時候會入定，可能三天、七天然後才走。過去在西藏的八蚌寺跟宗薩寺滿近的，當時宗薩寺主要是佛學院，所以有很多學問非常好的僧人，八蚌寺主要是實修的閉關中心，所以有非常多實修的人，當地居民就有俗話說：「沒死之前宗薩寺的僧人比較厲害，但死了之後八蚌寺的僧人才厲害。」為什麼呢？因為他們說：「你看！到死的時候，那些宗薩寺佛學院的僧人，就跟一般人一樣是平躺著被抬出來，但是八蚌寺那些僧人死的時候，卻是坐在那邊的。」從死亡的這個時候，就可以看出他生前是不是有一些修行。如果生前修得好，這個時候就有

用，而且一定會產生利益，也用得上。如果各位有這樣的瞭解之後，現在你要做什麼修行的話，會更深刻一些，當然重點是要對之前談到的見解與理論，要有一個很確切的認識。

修持圓滿次第

圓滿次第觀修要配合淨治的，就是世間事物的壞滅情況，或者說是死亡的過程。為什麼最後要有圓滿或者融入的次第呢？因為如果只是作生起次第，從一開始什麼都沒有，到圓滿觀想出一個金剛亥母的相，但最後不融入的話，會落入到執著恆常的這一邊。所以，圓滿次第的目的，就是為了斷除我們執著一切是恆常，或者說斷除常邊執著的這種融入次第，最終要確立的也就是空性的意義。

密處「舍以」字光明照情器，化光融己復次融「舍以」字

之前持咒的時候，已觀想在密處有「舍以」字，首先紅色的「舍以」字會發光，光明是指會發光，「舍以」字的本身就是光，充滿光明的不需要再放射什麼光，就好像如果是一個紅色的電燈泡，放出來的光自然就是紅色的，這裡說密處的「舍以」字光明，就是總是自然放著光的，它就是一個發光的光體。光照到情器，依順序應該是先「器」再「情」。「器」指的就是法生宮，就是最開始我們觀想一個從空性

當中化生的法生宮，再慢慢化生出我們自身是金剛亥母，「情」這裡指的是宮殿當中的有情眾，也就是眷屬眾——周圍的四部空行。所以，你先觀想器——法生宮，融入到眷眾——周圍的四部空行母。

「化光融己復次融『舍以』字」，再來宮殿已經沒有了，它融入到宮殿裡面的這些眷屬眾了，接著這些眷屬眾再化光融己，這裡的己就是自己這個金剛亥母，也就是融入到自己身上，到此只剩自己一個金剛亥母尊。情指的就是主要有四位空行母，但是也別忘了，祂們要融入的時候，下面的蓮花墊等等也都要一起融入，要不然最後祂們融入，蓮花墊會還留在那裡不行。那現在只剩誰了呢？只剩自己，就是只有一個金剛亥母身，其他都沒有了。接著再次的融「舍以」字，就是金剛亥母融入到我們觀想在自己祕密處的「舍以」字，最後就只剩那個「舍以」字了。

之前講到死亡的時候，會有這種融入的次第，一個一個融入，最後只剩下我們的心，只剩下那個心氣無二的自性，只剩下心識。我們觀想金剛亥母融入到最後就只剩下那個「舍以」，這裡的「舍以」就像我們臨終死亡的時候，最後融入到的心氣無二的那個自性，就是這個「舍以」。

「舍以」收明點漸化為「那達」，超越融入無緣空性中

在化光融已復次融「舍ᕈ」字時，就只剩一個「舍ᕈ」的藏文字，「舍ᕈ」字消融的時候，是從下面的「啊ᕈ」然後融入到「惹大ᕈ」、「惹大ᕈ」然後融入到「哈ᕈ」，「哈ᕈ」字最後融入到一個東西叫明點。明點指的就是一個圓圈，但是「舍ᕈ」字這裡並沒有寫出來，「哈ᕈ」字上面的藏文是「幾估ᕈ」，「幾估ᕈ」其實是一個圓圈，就是這裡指的明點，圓圈上面還會有一個像是火苗的尖尖，那個部分叫做「那達」。所以，「幾估ᕈ」變成一個圓圈，然後上面火苗的部分叫「那達」。意思就是「舍ᕈ」從下面一直收，收到上面「幾估ᕈ」就是明點的圓圈之後，漸化為「那達」，然後就變成一縷煙，像煙一般消失了，什麼都沒有了。

如果不懂藏文，沒關係的，你可以怎麼觀想呢？你就觀想「舍ᕈ」字，但「舍ᕈ」字不是硬邦邦的藏文字，而是一團光，象徵我們心氣無二的自性，是一個透明的圓形光體，它從下往上融入，到最後慢慢只剩「那達」，接著就消失了。這個消失是融入到無所緣的空性當中。所以，你可以發現一切之前觀想的金剛亥母的形象或宮殿等等，最後都回到了實相，回到了勝義當中。這種觀修就叫做——幫助我們消除常執，不落入常邊的觀修法。到最後到了哪裡呢？就是回歸空性當中。

住己自覺光明無造作，心之本質覺空赤裸現

住已就是最後融入到空性當中，安住在空性，也就是安住於自覺光明無造作的心的本質——覺空赤裸顯現的自性當中。總之，所有這樣的觀修，最開始的生起次第，就像出生的過程，或說跟世間形成的過程是一樣的，所以叫做有造作的或是叫做戲論的觀修，最後的融入次第，就是圓滿次第，也叫做無造作的或者離戲的觀修，融入到最後我們會遇到什麼呢？就是自心了。

輪迴跟涅槃，就在於我們這一念心。生起次第的造作，不斷地顯相，都是由心所現，最後一切融入，也都回歸到我們這一念心。這一念心的本質是什麼呢？就是自覺光明無造作的、覺空的、赤裸的展現。

《了義大手印祈願文》中說：「非有以致諸佛亦未見，非無此乃輪涅一切基。」我們對於如此殊勝的心，要有真實的瞭解。那到底有沒有一念心呢？有的！真的有這麼一念心，如果沒有的話，一切的功德跟過患的基礎也就沒有了。如果我現在問大家：「你們有沒有心？」相信不會有人說沒有的，都會說有這個心的，但如果接著問：「心在哪裡？」大家就變成無法言說、無法形容的情況，所以它又是非有，諸佛亦不見。

我們說有心，但是不知道它長什麼樣子，不知道它的顏色跟

形狀，如果是有形狀、顏色的話，那過去的諸佛應該看到啦！但是祂們也看不到，所以我們又說心是沒有的。那如果再問：心是不是完全沒有、不存在的呢？這樣也不是的。「非無此乃輪涅一切基」，心就是一切輪迴跟涅槃的基礎。心不是沒有，如果沒有就不會有輪迴跟涅槃，換句話說就不會再有快樂跟痛苦，但是現在分明就有時候很快樂，有時候也會很痛苦，就是有心才會感受到，如果心不存在，那理論上就不會有痛苦。

所以《了義大手印祈願文》接著後一句提到「非悖此即雙運中觀道」，心是大中觀道，是明空不二的。一般人都會以為，如果一個東西顯現有明的時候，就不應該是空啊！或者它是空的時候怎麼還會有顯現？會覺得兩者是相違背的，但心並不會這樣。心的特質是雙運的、中觀的自性，但也並不是像一般人覺得明跟空雙運在一起，就像把兩根繩子硬纏在一起。雙運中觀的意思是指它超越了、遠離了有跟無的邊，這樣一個無二的情況就是雙運，也就是中觀的意義。

《了義大手印祈願文》接著再提到「願能領悟離邊心性法」，這樣一個離邊的心性，就是金剛亥母儀軌中所形容的自覺光明無造作的心的本質，是覺空不二的，是赤裸的展現出來。因此「那達」超越融入無緣空性中的時候，並不是消失到一片空無當中，而是融入到這裡所形容的，顯空不二或

覺空不二這樣一個自覺光明無造作的心性中。

盡力安住於大印自性中

在這樣的階段，包括我們開始的生起次第，金剛亥母的觀修次第，圓滿次第融入，最後安住在大手印的自心當中，就是金剛亥母主要的正行修持。

大手印禪修分為顯乘大手印、密乘大手印跟精髓大手印，這裡是指密乘的大手印禪法。在融入次第的最後，我們要安住在大手印的自性中，進入大手印的禪修自性中，主要的目的就是為了要消除生起次第觀想時可能會落入常邊的這種執著。因此，我們最後會觀修明點漸化為「那達」，「那達」再融入到勝義的空性當中，這樣不散地、專一地安住在空性中，是為了消除我們對於空邊的或叫做斷邊的這種執著。接著，我們有一個無分別的、幻化的身再次地生起來，從空性當中出現。

莊嚴淨土

透過以上部分我們瞭解到：清淨的基礎就是五蘊和合的身體；清淨的方式、能淨的法門，就是本尊的觀修瑜伽，也就是生起次第跟圓滿次第。接下來，我們要清淨的東西，就是我們對於世俗的貪執。

什麼叫做凡夫相的、世間相的貪執？凡夫相的貪執指的是我們以為這個無常的身體是恆常的，無我的身體以為是有我的，本質是苦的以為是樂的，本質是不淨以為是清淨的，這樣子的一種執著。細一點來講，也就是執著有這麼一個真實的我存在，因為執著了有我，就執著有我的東西、我的家庭、我的財富等等。所以，世俗的顯相，也就是貪執為二元對立的一切法。

透過本尊的觀修，我們清淨了什麼呢？首先我們觀想外在有法生宮，還有很多莊嚴的事物，目的就是清淨我們執著現在人世間，以為外在這些事物——房子、財富是屬於我的、看到的是真實的這種執著。我們還有一種執著，是執著我有一個身體——五蘊身。對治的法門就是透過觀想我是本尊、我是金剛亥母，清淨了我的這種執著。

能夠清淨這些執著之後，我們會得到什麼成果呢？這個成就的果就是法生宮，將來能夠投生到淨土去。法生宮的觀修，就是一個淨土的觀修，就是我們將來會得到的果。而我們自身會得到清淨的果是什麼呢？就是我們會證得化身。

要讓我們這種不淨的觀念、世間的凡夫執著轉變成為淨觀，看到的是淨土，就是透過觀修本尊這樣一個方式。有沒有淨觀的關鍵，在於我們是不是被煩惱所覆蓋住、障蔽住。為什

麼我們會看到輪迴不淨的相呢？就是我們的心中還有煩惱，
因為這些煩惱的障蔽，讓我們看到的是輪迴不淨的顯相。當
我們消除了無明的時候，也就是我們清淨的心這個本智顯現
的時候，這時候會看到的是淨觀，也就是佛菩薩的淨土、本
尊等等。

將不淨轉為清淨的修持方式是有很多的，我們現在在做的，
就是透過一種生起次第跟融入次第的方式，也就是本尊瑜
伽的觀修法，來幫助我們將不淨轉化成為清淨。我們最後如
果要成就殊勝莊嚴的報身這樣的淨土，現在就要開始淨化修
持，要淨化這個國土，還要發這樣一個善願，同時還要成就
淨土當中的這些眷屬眾等等。要現在就開始去做，去淨化、
轉化。在密法裡面可以特別幫助我們，同時你在修持的時
候，就是在成就你的國土，成就你的淨土的方法就是這種觀
修的方式。

顯乘的淨土法門

在顯乘裡有淨土法門，首先要完全的相信一定有淨土，它就
在西方，同時也要有很強烈的一念心說我要投生到淨土。或
許你會想說是有這樣的淨土，它在西方而且也滿遠的，但是
密乘不會告訴你這是很遠的，它會告訴你現在這個地方就是
淨土，只有在你自己的身上，能夠發現這個淨土，當下自己

成就就是成就淨土。這樣的差別，讓我們瞭解到，為什麼一般會說顯乘的時間要較長或較遠，密乘就是比較快速，比較近的一條道路。

中國的大乘佛法提到淨土法門，要修持阿彌陀佛的法門或淨土法門，一定要具備四個因才能夠投生。第一個就是要明觀淨土，意思就是你要相信有這個淨土，而且就在西方，是三大阿僧祇劫這樣　個距離的地方。所以，你要這樣想：喔！極樂淨土在這樣一個距離的地方，淨土的大地是非常柔軟的，你一踏下去，就馬上軟軟地彈起來，有各種的妙花、樂音遍滿一切。我們要這樣子強烈的相信有這樣一個淨土，如果沒有這樣子清楚地去明觀淨土的話，就不具備四因當中的第一個了。如果沒有具備第一個因，再念多少次阿彌陀佛的名號，你還是不知道方向。顯密當中都有提到觀想淨土，或者叫做淨化佛土，只是顯密在觀修的方式上有些不一樣。

第二個因是要積聚資糧，為了積聚資糧，需要觀想能夠供養的對境，也就是阿彌陀佛主尊，還有周圍的眷屬——八大菩薩們。顯乘積聚資糧是透過七支供養的方式，並且覺得供者——自己，和被供養者——佛菩薩，兩方是不同的個體。密乘則是觀想自己是一個凡夫，然後對著淨土中的也是自己觀想出來的佛菩薩們，向祂們作七支供養，同時是你心中變幻出來的供養天女，在向佛菩薩們作供養。所以，無論是供養

對境或者是供養者都是自己，這是密乘在積聚資糧觀修上和顯乘很大的不同點。

第三個是要具備強烈的慈悲心。觀修慈悲心，指的就是開顯內心本具的慈悲心。慈心是希望眾生得到快樂，悲心是希望眾生離開痛苦。當你有了強烈的慈悲心之後，你就會專一虔心地發願說我要往生極樂淨土。

因此，第四個要具備的就是這種專一虔誠的發願，要往生淨土的願。但是，如果沒有慈悲心而發願的話，就是小乘的發心，這樣是無法投生到淨土去的。密乘也是非常強調慈悲心的，如果你沒有慈悲心而持咒、觀想本尊，或是修持本尊禪定的話，這根本不算是密乘的教法了。如同顯教的第四個因是要專一虔誠地發願，密乘的重點也是在專一跟虔誠，但是是專一在持誦咒語的部分。

以上是顯密法教，在積聚資糧的方法上，還有整個觀修、清淨的方式上，有這樣的差別。各位能夠知道這樣的差別在臺灣尤其是很重要的，因為臺灣的漢傳佛教、中國佛教是很興盛的，雖然現在慢慢地密乘或是藏傳的法教也開始被大家瞭解跟接受，但是如果不解釋清楚的時候，很多人會因此而產生誤會，進而製造一些批評，這些都是佛教的障礙。事實上，顯密兩者最終目的是一樣的，只是觀修的方式不同，

大家瞭解之後，以後就有機會可以跟別人來分享其中的一些差別。

08

日常生活中的修持

無論是作任何的修持、法門都會有兩個部分，第一個是在定中的修持，或者叫座中的修持；第二個就是出定，或者說下座之後，日常生活中的修持。定中的修持有兩個部分：一個就是生起次第，一個就是圓滿次第。

不離本尊淨相的生活

顯乘當中提到，一切法如夢幻泡影，你要在日常生活中這樣子來想；在密乘裡你不需要在日常生活當中去看一切如夢幻泡影，而是你要隨時保持不離開本尊的相，就是你自己專修的本尊的相，隨時要不離這個淨相而生活。

一般我們在生活當中，會碰到很多的相、很多的情況，這些相基本上可以包含三類：第一類是色相；第二類是聲音；第三類是我們的念頭。

1. 色相的清淨

什麼叫做色相呢？指的就是山河大地、房子等等器世間的事物都叫做色相。當我們還有凡夫的執著、貪執的時候，我們看到的相就是一般世間的這種山河大地，就是器世間的相。這樣的相是清淨的嗎？並不是的。這是不淨的相，因為我們還有一個我執，是有一個執我的心然後去看的、去執著的。怎麼樣是帶了一個我執去看呢？譬如住在臺灣的人，你會想說這是我的國家——臺灣；在臺灣裡面，對住在板橋的人來說，板橋是我的家，我的家在板橋。然後你會想，我的家是這一棟房子，房子裡面的東西是我的，財物是屬於我的⋯⋯所有這些都被稱為不淨的相。你都是有一個我，覺得這些是屬於我的這樣的心去執著的相，這裡的修持就是要對治我們這種凡夫的執著。

為了清淨這樣的執著，方法是什麼呢？就是我們要想說：臺灣、這棟房子或裡面的東西等等，都是金剛亥母的法生宮殿和當中的莊嚴事物。當然，現在我們看到的不可能是那個樣子，但是你要想這就是金剛亥母的宮殿，一直這樣想就會減少你的執著，減少這是「我的」的這種執著，直到有一天，你的智慧、本智、心性真正開顯的時候，那時候不淨相就消除了，都會成為是金剛亥母的相，臺灣就變成是鄔金淨土了。

可能，我們還是不能理解，怎麼可能會變成那樣呢？舉個例子來說，如果一個人的執著非常強，或非常執著某件事情的時候，這個力量是很大的。就好像一位外國人，剛開始他不是臺灣人，但是住久了之後，拿到臺灣的身分，這時候他就會認為臺灣就是他的家，這是我的家的執著就會生起。

所以，為了清淨這樣的執著，我們在行住坐臥任何時候要想說，所有這一切我所經歷到、看到的都是金剛亥母的宮殿，都是清淨的。當然凡夫剛開始的時候沒有辦法一下就看到，但是心中要有這樣的淨觀，而且要想到這當中的有情眾生，也都是金剛亥母，尤其我們可以想我們居住的地方——臺灣，裡面的有情眾生都是金剛亥母。當你回到家之後，你看到親人、先生、太太、孩子……要想說他們就是金剛亥母，帶著這樣清淨的心去想的時候，自己的執著，尤其一般世俗的、凡夫的執著，就會慢慢減少。

2. 聲音的清淨

接下來談到的是聲音。聲音可分為造作的聲音與自然的聲音。生活中你可能會聽到大自然的風聲或各種的聲音，這些聲音是自然的。造作的聲音，譬如別人講話也好，或是動物狗叫的聲音也好，當你聽到這些聲音的時候，要想說這就是金剛亥母的咒語、咒聲。

3. 念頭的清淨

我們的心念，不管你生起任何的念頭，要想這個就是智慧的一種變幻、一種幻化之舞、一種智慧的遊戲。

這些身口意的方式，是在日常生活當中可以清淨、轉變我們世俗念的方式。你會發覺，其實在日常生活當中，就是離不開身口意這三者的運作，但我們通常都是以一種世俗的心、執著的心在生活。顯乘跟密乘在這部分也有些不太一樣，顯乘強調的是要遮止、否定、阻斷這些不淨的相。密乘是要轉化不淨的相，成為清淨的相。所以，在日常生活當中，隨時要想身體就是本尊的身，我們的語或是各種聲音都是咒語的聲音，自己的念頭都是本尊的意。

結行

後得如魚躍水化顯者，薄伽梵母如幻之化身

後得指的是什麼呢？就是指日常生活。到了生活中的，首先要想自己就是金剛亥母的身體、身形，好像一條魚從水中化現出來，那麼清晰的變成薄伽梵母如幻的化身。薄伽梵母指的就是金剛亥母，這個如幻的化身，並不是恆常的、有血肉的身形，是如同彩虹一般的身形、身體。

直至輪迴諸有利眾生

這一句是說直到輪迴完盡之前都要不斷地利益眾生。顯乘會談到在日常生活當中很重要的是要有慈心跟悲心，以這個慈悲之心來作布施或關心照顧周圍的人；密乘是「直至輪迴諸有」，直至輪迴未空之前，都要在三有當中、輪迴當中利益眾生。這是慈悲的自性，密乘利眾的方式是要真的幫到別人，利益眾生的方法就是息增懷誅的四種利眾事業。所以，我們要幻化出這樣子一個金剛亥母的身，然後在輪迴未空之前利益眾生。

食物護摩獻供身壇城

食物包括早餐、中餐、晚餐等等。護摩（或叫火供）分為三種：外在的火供、內在的火供跟祕密的火供。

我們吃東西時有這樣一個過程：你會先拿起這個食物，然後放到嘴巴裡，咀嚼後的食物，慢慢經過食道，然後到達你的胃裡面消化。透過吃東西的過程，其實就是一種內在的火供。這時候我們在吃東西，並不是為了讓自己變得白白胖胖而吃，而是叫獻供身壇城。身壇城指的就是我們觀想自己就是金剛亥母，這樣進食就像是在獻供一樣，這是最殊勝的積聚福德資糧。

一般來說，火供是最殊勝的一個積聚福德資糧的方法。外在的火供是要觀想燃燒的火就是本尊，我們用各種東西向本尊獻供。但是內在的火供它的功德、福德是更大的，因為它不僅僅是向我們這個身，也就是這個金剛亥母的身作獻供而已，更重要的是我們都具備自心是清淨的佛性、如來藏，這是最究竟的實相的佛心。因此，這樣來進食、供養的話，福德是更大的。

外在的火供是觀想火就是本尊，但是不管再怎麼觀想，都只是一個想像而已，火的本質並不會是金剛亥母的身、口、意。而向內的、自身的護摩，因為我們自己的身就是金剛亥母身，自己的語就是金剛亥母的語，自己的心這時候也就是本尊清淨的金剛亥母的心，這個時候我們就像是向真的本尊作供養，所以功德是更大的。如果你知道怎麼樣好好正確進食的話，這都是一個大福德，如果不知道這些方法，吃飯進食的過程就和動物一樣沒有什麼太大差別。

睡眠光明法身瑜伽顯

同樣地，我們晚上都要睡覺的，但別一睡就睡死了，還在那裡打呼，我們要懂得方法去睡。

睡眠時，我們能夠感知外境的眼耳鼻舌身等等五識都停止了作用，不再有知覺了，都收攝起來了，這時候只剩你的心識

在作用，如果能帶著——我的身就像金剛亥母身，我的語就是金剛亥母的語，我的心就是金剛亥母本尊的清淨心意——這樣子來睡的時候，就是「光明法身瑜伽」了。

如果保持這樣一種習慣睡覺的時候，身、口、意就跟金剛亥母是沒有分別的。所以，你在吃東西的時候，自己的身、口、意也跟金剛亥母沒有任何差別；你在幫助別人、利他的時候，你的身、口、意也都是金剛亥母。我們要盡量在日常生活當中這樣子去想、這樣子去做。一開始沒有辦法馬上就看得到是那樣的相，但是我們要這樣去想，這是很重要的。一天有二十四個小時，我們修持生起次第、圓滿次第等等法門的座中時間，大概一個小時，剩下還有二十三個小時的時間，你都是在後得、日常生活當中，如你能夠在這二十三個小時當中，也都保持著身口意都是亥母的時候，那你這二十三個小時也都是在修行，並沒有浪費。因此，比起座中入定的修持，後得、日常生活的修持是更重要的。

著衣真言鎧甲相好嚴

著衣就是你穿衣服的時候，要想這些衣服、裝飾等等都是真言鎧甲，都是金剛亥母的莊嚴物，都是非常殊勝的。

行住向於壇城者環繞

走路的時候，都要想說整個宮殿、壇城聖眾位在你的右方，所以你就會向祂不斷地環繞，好像你在繞這個壇城。右繞壇城代表的是一種恭敬的意思，跟後得的修持是有很大的關係的。隨時觀想壇城者包含了金剛亥母主尊，還有祂的眷屬尊都在我們的右方，我們向祂們來環繞。在尼泊爾、喜馬拉雅地區或是藏區，都會看到大家右繞佛塔，也是象徵恭敬的意思。

醒夢睡貪任何之時等

這是指我們二十四小時當中有四種心的狀態：「醒」是白天我們做任何事情的時候；「夢」就是做夢的時候；「睡」是指深度睡眠、無夢的時候；「貪」是指很短暫的貪欲生起的時候。

所以，二十四小時裡面，我們的心識一定是這四種情況當中的一種，這是在密乘特別會提到的心的四種情況。那洛六法中最重要的有四個法，這四個法就是為了清淨心識這四種情況的對治法。

我們會問：心在哪裡？科學家認為是在大腦，一般人會認為在心部、胸部。在這裡我們說，醒的時候是第一種狀態，我

們的心識會在肚臍的部位，因為這時候我們都會在做事情，有很多的動作、很多的工作等等，這些工作的活動，都是由身體裡面的氣息流動在支撐的，而氣最主要產生的地方就是肚臍。第二個狀態是夢，夢跟我們的喉部有關聯，所以這時心是在我們的喉部。第三個狀態是睡眠，心是在心臟的部位，這時像是昏倒過去一樣，不會有夢。第四個狀態是貪的時候，心在大腦的部位，因為這時候氣主要在腦部。

在二十四小時當中，我們的心不是駐留在同一個地方，以我們的身體來講是會有這四個不同的部位的。舉例來說，當我們非常入迷地在看一部電影，這時候因為太投入，身體其他部位的感覺都沒有了，這時如果有人突然用針刺了你，你的心識馬上又會跑到你痛的那個部位。因此，我們可以說心沒有駐留在一個固定的地方，而是你哪裡有感覺的時候它就在那裡。心在哪裡取決於這四個狀態，是因為你的氣在流動，而心氣無二，因此心也會跟著氣在那個部位。氣又會通過什麼而流動呢？它會在我們的脈中流動，跟著脈象而流動。所以，氣跟脈是有關聯性的，心跟脈也是有關聯的，我們的心識跟這四個狀態都是有關聯的。

譬如中風這樣的情況，身體某部分失去知覺，是因為這裡面的一些經脈被阻斷了，因此氣沒有辦法通過去，氣無法順暢通過去的時候，心就沒有辦法覺知到，是沒有感覺的。所

以，身體是很重要的！身體當中的經脈除了要通暢、乾淨、清淨之外，而且不要少根筋，這是很重要的。不要覺得身體沒什麼用，是不淨的就不管它，這是不行的。

四身瑜伽幻相中遊戲

四身指的是法、報、化三身再加上自性身，相對於醒夢睡貪這四個階段。醒是脈的清淨，能轉化成為四身中的化身；夢是氣的清淨，能轉化成為報身；睡的不淨轉化清淨之後是心的清淨，證得的是法身；貪欲的清淨證得的是自性身。由這四種不淨的情況，能夠轉化成為清淨的四身瑜伽，在日常生活當中修持的話，就是真的不放逸了。

密乘的法教有一個特殊點，它都跟我們的身體、氣脈有關聯性的。日常生活中的這四種情況，在顯乘當中似乎是完全沒有提到的。顯乘（也叫經部）大部分也會談到心識，但著重於六識或八識等等的運作方式，譬如醒的時候是我們的前五識在運作、感知這些外境，睡的時候這五種感知、認知都停了，只有第六意識在運作，大致就是談到這樣而已，並沒有像密乘提到一天當中有四個狀態，和心氣關聯等等內容。

以上，就是金剛亥母的儀軌解釋。除了最後迴向之外，整個金剛亥母儀軌，就講解完畢了！

09

金剛亥母的灌頂

灌頂就好像是種子，對於一位真正想要實修的人來說，一定要先得到灌頂。

灌頂的前行

灌頂首先是洗淨、清淨的儀式，為了將我們不淨的身、口、意清淨，各位要喝一點點寶瓶中的甘露水之後，吐在一個盆子裡。接下來是施多瑪，多瑪就是堆積、聚集起來的食物，在西藏用糌粑粉摻雜水等等做成多瑪，代表一種食物聚集起來的東西。布施多瑪，是為了消除我們在灌頂時的障礙，施了多瑪洗淨壇場，這些會障礙灌頂的非人也好、各種的怨害也好，都已經被清淨排除出去了。多瑪要給予的是十個方位的護法神，當在舉行灌頂儀式時，心中可以想這是向十方的護法神作布施，然後念一段供養布施文。

布施完多瑪之後，是護輪、結界的儀式，像是一個守護的輪圍起來，圍欄一般地不讓障礙再進來，接著念誦灌頂的傳承還有歷史。

灌頂時要生起菩提心，也就是今天接受這樣一個能夠讓我們的心成熟的灌頂，是為了要利益一切眾生都能夠成就佛道，各位要發起菩提心。

我們得到了這樣一個暇滿難得的人身，如同珍寶一般的這個人身，如果我們浪費它，或者說如果我們懈怠、放逸的話，這是非常可惜的。金剛亥母的灌頂是屬於三乘法教當中最殊勝的其中之一，又叫無上密續的法教，又是屬於無上瑜伽續中母續的一個本尊。金剛亥母被形容為是三世一切諸佛出生的、如同母親的這樣一個本尊，也叫做俱生母。在金剛乘當中，有很多很多的本尊，當中最殊勝，能夠幫助我們得到最殊勝成就的本尊，就是金剛亥母。如果以能淨跟所淨來說，智慧就是最主要的，方便是次要的，金剛亥母由於是屬於智慧波羅蜜，可以說是空性、空分，所以是最主要的一個部分。

傳法的上師，已經將在灌頂之前要準備自修的部分、對修觀想的部分、還有瓶生觀想的部分，都修持圓滿了。接下來具備條件的弟子們，為了求得灌頂之前的前行法，因此要先獻

供曼達。這時候要向跟金剛亥母無二無別的傳法上師，也就是金剛上師來獻供、供養。透過你手上拿米、花等等供品，可以想所有一切我的財物、身體都獻供出去。供養完手中拿一朵花，夾在兩個中指之間合掌，然後念祈請文，作七支供養。

祈請文的大意是說我對輪迴已經生起出離心了，因此，我願意捨棄世俗的各種俗務，進入到大解脫的修持當中去。祈請灌頂上師帶領我到解脫的道上，傳法的上師，請您鑑知我。傳法的上師，現在就是我們祈請的對象，祈求能夠給予我密乘裡的灌頂、誓言、三昧耶戒。同時，祈請能夠給予我世俗還有勝義的菩提心，祈求您一定要帶領我，進入到大解脫乘，也就是涅槃。

作了皈依、發菩提心，還有七支供養，這是灌頂之前我們共同要做的。接下來是密乘道裡面，殊勝的、不共的方式叫淨心、清淨心的儀式。這時傳法上師會灑甘露水，你就想這個不淨的身體都轉變成清淨，自身就成為金剛亥母。接著，海螺中的甘露水會碰觸到我們身、口、意，就要想說自己的身、口、意三部分，分別有嗡、啊、吽這三個種子字要清淨。

以上是密乘中介紹灌頂時的前行法，接下來要進入到正行。

灌頂的正行

正行要先獻曼達，念祈請文。這時候要觀想傳法上師是一切諸佛的總集、成就的根本，同時也就是金剛亥母。接下來要把紅布條蓋住我們的眼睛，這叫做蓋眼，象徵我們現在還被無明所蓋覆著；再來，各位要合掌，手中拿花，我們要進入壇城，見到這些上師、佛菩薩，所以不能空著手見，手中要拿著花。這時在你心間要觀想有一個月亮，月輪象徵勝義菩提心，月亮之上觀想有一個五股的金剛杵，然後念咒語。我們要想剛剛生起的世俗跟勝義的菩提心，在我們心中更穩固了。

接著就是誓言跟三昧耶戒，密乘裡有非常多的誓言跟三昧耶戒，簡略來說，灌頂開始就要受這個三昧耶戒，我們要具備的動機第一個是希望三惡道（地獄、餓鬼、畜生）等等一切的眾生，都能夠遠離三惡道，這是第一個要具備的動機。第二個要想這些惡道眾生不只是投生到天界、善道，也希望他們能夠得到解脫。第三個是希望二乘的行者，能夠進入到大乘。總之，就是希望一切的眾生，最後能夠解脫、成就佛道。為了這樣的動機、發心，我要具備大的勇氣來修持，這就是密乘的戒。所以，我們要念這樣的誓言。如果是一個不具法器的弟子，傳法上師是不應該宣說誓言戒的。

接下來會有甘露，拿到一點之後要喝，主要的意思是我承諾要接受這個灌頂，我發了這個誓言，要好好地持守它。接著觀想自己是金剛亥母，迎請金剛亥母的智慧尊給予我們加持，吹奏法器時，觀想鄔金淨土的金剛亥母真的來到我們前方，並且融入我們的身體，我們得到了智慧尊的加持。

10

金剛亥母的火供

火供是依靠火而積聚資糧的一種方式，同樣依靠火而作的積聚資糧方式有「桑」，就是我們一般說的煙供，還有「素」也有翻譯為焦煙供。這三種相同點都是依靠火燒，但是意義有很大的差別，在臺灣很多人都把這三個搞混了。藏文「桑（煙供）」這個字有清淨的意思，這時的火只是燃料而已，「桑」就是禮物，要送給當地的山神或地神的禮物。「素（焦煙供）」是透過煙來作迴向，所以火也只是燃料而已，焦煙供主要是透過煙迴向給在中陰身的眾生，因為中陰身的眾生感受不到色、聲、味、觸，只可以感受到香。但是火供時，是要把火觀想成本尊的。煙供、焦煙供跟火供的差別，就在於煙供、焦煙供時的火只是燃料，而火供時候的火是本尊。

火供供養的對象

火供主要供養的對象有兩個：一是世間的天神；一是出世間的天神，例如佛菩薩們。世間的天神指的就是火神；出世間的天神，在金剛亥母的火供時，指的是金剛亥母。

火供的布置與器具

火供時會準備一個壇城，最下面一層是放供養世間神——火神的供品，往上一層是出世間神——金剛亥母的供品，這是依據密乘無上續部傳統的位置，這個壇城就放在主法上師的左手邊，右手邊放的是火供用的十四種供品。

在續典尤其是無上瑜伽部，大部分作供養都是用左手，因為右手跟左手分別代表的是方便跟智慧，左手是代表智慧，所以用左手來作供養，將供品投入前方的護摩爐當中，象徵是帶著智慧作供養的意思，所以這也是為什麼左手邊是壇城供桌，右邊是供品的原因。

火供要準備的東西跟整個觀想儀軌是比較複雜的，譬如在作息的這種火供時，爐子要是圓的、白色的；增益的火供時，爐子或火供的範圍是要四方形的、黃色的；懷的火供時，要半圓形的、紅色；誅的火供時，是三角形的、黑色或深藍

色、紫色都可以。

在火供的時候有兩個東西是一定要具備的，就是兩支護摩杓。其中一支是拿在左手的，這支杓子上面有金剛杵，並且在杓子上畫有象徵息增懷誅的圓形、正方形、半圓形和三角形，護摩杓上有一個洞，叫金剛孔穴。另一支護摩杓拿在右手，它是用來舀放在右手邊的油和供品的，舀起後把油或供品倒入左手的護摩杓，然後從金剛孔穴流到護摩爐裡面。

密乘的傳統不會把供品直接倒入爐中，而是透過金剛孔穴把東西倒入進去。所以藏文中，左手拿的稱為「康」，意思就是放滿、充滿的意思，會先充滿了再倒入爐中；右手拿的稱為「薩」就是舀的意思。所以供養時，就是一邊念咒，一邊將右手杓中的供物，放到左邊的杓中，然後再倒入爐裡。

火供的本質

火供在藏文稱為「景瑟」，「景」的意思是布施、供養，「瑟」就是燒的意思。外相上我們看到的是火，但它的本質是向世間神——火神，或者向出世間神——金剛亥母作供養，請祂們食用、受用的意思。

火供的目的

在密乘裡談到利他的時候，是透過息增懷誅四種方式。我們普遍來講是利益眾生，但是個別來說每一個人都有不同的情況，有的人罪業比較深重，有的非常貧困，有的具有邪見、惡念很重，有的是受著苦痛的人……所以針對正在遭受這些侵擾的、生病的、或者諸事不順的人，就會透過息增懷誅的平息方式去利益他們。

增是增長或增益的意思，這個方式是為了幫助那些特別貧困的，受到飢渴痛苦的人。懷是懷攝，是攝集、招攝過來的意思，是針對具有邪見、不相信因果、不相信輪迴、不知道什麼是善惡的人所使用的方式。誅滅是針對具備大惡心的人，他們為了自己的利益甚至會去搶奪或者是殺害其他的生命，這時就要用誅滅的方式去利益他。

火供是一個總的名稱，針對不同的眾生也就會有息的火供、增的火供、懷的火供跟誅的火供這四種。火供的目的除了是為了利益一切眾生，尤其是特別為了利益這四種情況的眾生，希望他們的痛苦跟痛苦的因都能消除。如果對火供不瞭解以為就是把東西丟到火裡去燒的話，不見得有太大的意義。

火供須具備：本尊、咒語、供品

火供一定要具備的第一個就是本尊，第二個是咒語，第三個是供品。本尊指的就是火；供品就是十四種供品；咒語指的是主法的上師或是修法的僧眾們所念的咒語。

一位主法火供的上師，要知道生起次第跟圓滿次第的口訣，還要圓滿持誦本尊的咒語，譬如說要持誦過多少萬遍等等。主法上師在主持護摩（也叫火供）利益他人的儀式時，自己要先具備圓滿的修持，必須接受過金剛亥母的灌頂，然後修持了生起次第跟圓滿次第，這樣達到自心的圓滿，然後才會進一步做到利他，也就是火供的儀式。如果沒有之前自利的、自修的圓滿，光是作這樣的火供也不會有利益的，火就是普通的火，供品也就是一些普通食物，然後被丟到火裡燒而已了。

供品也需要是如法的供品，不是隨便找來的東西。不同的火供會用到不同的供品，譬如說息增懷誅有各自不同的供品，在作平息的火供的時候，主要是要平息怨害與傷害，所以要針對這些怨害準備供品。

不是只要是所有吃的東西，丟進去燒就可以的，如果不如法還是有弊的。同樣在作增益、懷柔跟誅滅的火供時，也是一樣有特別能夠利益這類眾生的供品。如果作的不如法，本來

是要幫助別人，卻反而傷害別人的話那就不好了。

火神的觀修

世間的神在這裡叫做火神，在作觀修的時候，要有一個爐子，或一個火供的器皿，在這個上面我們要觀想有一朵蓮花，蓮花座上面有一個日輪，日輪上面有一個「攘母」字，「攘母」代表是火。接著我們要想「攘母」轉變成火神，這裡我們作的是平息的火供，所以觀想的是一位平息的火神。

火神是白色的，有一張臉，兩隻手臂，一隻手捧著爐子坐著，是讓我們把東西丟進去的，另一隻手提著一個小水瓶，或者叫做淨瓶。火神長的樣子像印度教的瑜伽行者，留著白鬍子，穿著黃色衣服，頭頂還有三道頭髮束起來，身體是白色，肚子大大的、胖胖的，非常寂靜慈祥、莊嚴的樣子。

十四種供品

每一次供養，都要包含三個部分：本尊的咒語，供品的咒語，供品的目的。每一個供品都有自己的咒語，主法者在供的時候就要念咒，說明供品的目的，也是祈願的內容。

第一個供品是「乳木」，也有翻譯叫做護摩木或柳木。供養乳木能夠幫助消除眾生獲得威德跟福德的障礙，使眾生具備

威德、福德跟莊嚴。

供養乳木的時候，會先念本尊（火神）的咒語，然後再念供品的咒語——意思是火神還有您的眷屬啊！我要供養您這個東西。接著要說為什麼要供養您這個東西呢？就是希望能夠消除眾生得到威德跟福氣的障礙，也希望眾生的痛苦跟痛苦的因都能消除。

第二個供品是「油」，一樣要先念火神和其眷屬的咒語，然後念油本身的咒語，以後每次供養都是如此。油能夠讓火更加的興盛，為什麼供養油呢？因為眾生都需要得到富足或富貴，透過油的供養能夠消除各種得到富貴會遇到的障礙，也希望眾生的痛苦跟痛苦的因都能消除。

第三個供品是「芝麻」，先念火神的咒語，然後念芝麻本身的咒語，因為眾生都要清淨罪障，在清淨罪障的過程中，有些事情會阻礙我們清淨罪障，透過芝麻的供養，這些障礙能夠得到消除，也希望眾生的痛苦跟痛苦的因都能消除。

第四個供品是「芥子」，供養芥子主要是為了消除對眾生的傷害，同時希望一切眾生的痛苦跟痛苦的因也能夠消除。

第五個供品是「勝食」——最殊勝的食物，可以準備餅乾等等。供養勝食是希望眾生都能得到快樂，同時能夠消除中斷

眾生快樂的因的障礙都能夠消除，眾生會得到痛苦的因也都能夠消除。

第六個供品是「酸奶」，供養酸奶是願一切眾生的智慧都能夠圓滿開啟，然後一切眾生痛苦的因都能夠消除。

第七個供品是「新米」，就是生米，目的是讓家庭能夠富貴，富貴的障礙能夠消除，痛苦的因也能夠消除。這是過去農業社會的傳統，家裡稻米多代表興盛。

第八個供品是「乾的穀物」，主要是發願一切眾生的財富得以增盛，尤其各種穀物能夠增盛，讓一切痛苦的因都能夠消除。

第九個供品是「青稞」，目的是身體健康、具備力量，所有造成身體不適的惡緣都能消除。

第十個供品是「豆類」，也是幫助身體強壯，還有消除各種會造成身體不健康的障礙。臺灣有很多人都吃豆類食品，例如豆腐，在印度則會吃豆片湯。

第十一個供品是「麥」，供養麥子是消除各種的病痛，身體不要有生病的情況，還有會造成生病的各種的因也能夠消除。

第十二個供品是「百節草」，中國的農曆年也會給這種草，祝福長壽的意思。百節草是當年在印度有人供養給佛陀，祈求祂長壽，佛陀也就加持了這種草，所以這個草就變成是一種吉祥長壽的象徵。供養百節草的目的就是迴向眾生得到長壽，還有任何會造成壽命減短的障礙都能消除。

第十三個供品是「吉祥草」，吉祥草是為了保護眾生不受各種逆緣或不順的情況的影響，而且希望眾生一切痛苦的因也能夠消除。

第十四個供品是「水果」，這是為了要迴向給眾生，希望眾生的家族能夠和睦興旺，同時消除一切的障礙。

世間的神與出世間的神都是這十四種供品，所以供養完火神後，就要請祂先站在東南方的位置（因火神屬東南方），再來供養出世間的金剛亥母本尊。

觀想金剛亥母

供養出世間的金剛亥母本尊時，要觀想祂的壇城及周圍的眷屬，就是前面提到有一個三角形的法生宮，當中有四瓣的蓮花座，中間的花蕊上是金剛亥母，周圍四個花瓣上有四位空行母。這樣觀想清楚後，迎請然後供養、讚誦等等。

跟供養世間火神是一樣的，每一個供品都先有供養本尊的咒語，然後有供品的咒語，供養的目的，還有祈願、發願。所以，只是供的對象不同，其他都一樣。

作火供的注意事項

一般來說什麼時候會作火供呢？一種是寺院要安神開光，有新的佛像要安座的時候；或是一個地方新成立，要有一個吉祥的儀式的時候會有火供；或者是在修持大法會的時候；還有就是閉關持誦完本尊的修持後，譬如說咒語圓滿了，最後作一個火供來補足。

主法的上師在作平息的火供時，衣服也要穿白色的，同時要有一個慈祥的容貌、面容，坐姿也是要寂靜的坐姿，如菩薩的坐姿半跏趺坐；增益的火供時，主法上師要穿黃色的衣服，坐姿要像財神的坐姿，像是國王的坐姿，因為增益的火供就是要消除我們的貧困，所以要像臧巴拉的財神一般的坐姿；懷攝火供的時候，主法上師要穿的是紅色的衣服，要像是坐椅子一樣兩條腿平放在地上，因為是要懷攝、招攝別人，所以面容是要威嚴一點的；在誅滅的火供時，要穿黑色的衣服，相貌則是比較憤怒的，如國王憤怒時的坐姿一般，一腳伸直，一腳彎曲，隨時可站立一般。

什麼本尊會作什麼火供呢？大部分憤怒的本尊作的是憤怒的火供，就是誅滅的火供，金剛亥母作的火供是平息的火供，還有增益的火供這兩種。我們在這裡要作的火供是屬於平息的，因為我想臺灣是個富足的社會，增益的火供應該不需要了，主要是能夠消除很多的災難。臺灣現在有地震、火災、風災、水災這樣的情況，如果真的因緣合和具足的時候，透過火供就能夠降伏、消除這些災難，所以這是要作平息火供的原因。

不是只有主法上師在供，我們每一個人都可以一起來發願、來祝福。將來有一天，如果各位真的圓滿修成了金剛亥母的外修、內修、密修，也要作這樣的一個火供的。如果現在能夠好好的感受，熟悉儀軌，將來作火供的時候就不會驚慌，可以作得很好。同時，以後聽到別人在作火供時，自然會比較歡喜，因為你知道到底在作些什麼，也知道這是有什麼利益的，會比較容易有這種隨喜、歡喜的心。就算在作火供的人，可能不見得完全如法，但是，因為我們清楚知道應該怎麼樣的發願，這個火供也會變得有意義的。或許你將來會去參加火供儀式，就是坐在那裡，但你清楚知道每一個供品的發願是什麼，你可以跟著靜靜地祝福跟發願，這也是非常好的，圓滿的火供。

以上介紹的都是屬於外在的火供。

內在的火供

內在的火供就是我們每天的進食，就像是我們在金剛亥母的儀軌中有提到，食物是護摩（火供），向內獻供身壇城。比起我們外在護摩準備這麼多東西的麻煩，進食時的護摩更方便，利益也更大。你進食不只是為了營養、為了身體健康而已，你也在積聚資糧了。這時候你要想自己的嘴巴就是護摩爐，你的左手、右手就是兩支護摩杓，幫助身體消化的力量就是火，身體就是本尊的壇城。所以，當你在吃東西的時候，透過火的消化的力量，將食物的精華、營養擴散到全身，等於是供養了自身本尊的壇城，而廣大積聚了資糧。

祕密的火供、極祕密的火供

祕密的火供是跟氣脈有關係的，跟那洛六法的拙火法門有關聯。還有另一個是極祕密的火供，是透過智慧的火將無明消除，回歸到心的本質，所以是最究竟、最真實的火供。

火供其實是心的運作

這樣外、內、密、極密的火供，都是有深刻的內涵、見解在裡面的，如果你不懂它的理論或見解時，就只是在燒些東西而已。心中要清楚知道自己在作什麼，為什麼要作這樣的供

養，供養的對象是誰，然後持誦咒語獻供品……如果可以正確、如法地去思維，這樣去作的話，就是在資聚資糧。之後再觀想一個一個回攝，瞭解一切都可以回歸到你的心，這樣的過程就是為了要認識我們的心、降伏我們的心。我們說涅槃是我們的心造就的，輪迴也是我們的心所造作出來的，我們現在的心有功德也有過患，有好也有不好的部分，這些不好的、過患的部分越來越多的話，輪迴就產生了，當心的功德或潛能、本質越來越開展的時候，那就是涅槃。

雖然說功德跟過患摻雜在一起，但從實際經驗來看，其實我們總是負面的、痛苦的情緒比較多，可能百分之九十的都是那些負面的過患。有時候走在臺北的街上，你會看到的每一張臉，百分之九十大概都是在痛苦或負面情緒當中，你很難看到一個是那麼的自在、詳和、平靜的人走在街上，甚至不用看臉，尤其是學生、上班族，從他走路的步調就可以知道，他好像不怎麼快樂。快樂掌握在自己的手中，唯有讓你的心平靜，快樂才能夠展現，快樂不是任何人能夠給你的，只有你自己能夠開展出來。

有人會高興地說：「啊！如果某個人給我一份工作，我會覺得很快樂。」但有時候想想，快樂不可能從外在得到，如果在這個工作上又發生了一些紛爭、爭吵，又會發覺這是痛苦。所以，快樂是你自己一種平靜的經驗，唯有自己心平靜

之後，快樂才可能被感受得到。但是快樂、平靜並不代表永遠就坐在某個固定的位置上，或躺在床上什麼都不做，不是這樣的。快樂、平靜指的是你不再封閉自己，不再侷限自己，而是真正的放鬆，然後開展你自己。

佛陀一直教導我們的，就是讓我們得到快樂的方法，讓我們的心得到平靜、開展、開擴的方式，這也是為什麼我們要作火供的目的。很多人不瞭解，就會覺得火供是在浪費物資，或是誤以為金剛亥母真的會突然飛到火裡，拿這些供品來吃。透過火供的次第觀修，這也是你的心在運作、化現的過程，每一個供品都有你的祝福、發願，就是我們的心在運作。供養者、供養的對象、供養的物品本質是一樣的。供養的對境——火或我們觀想的本尊，本質也是空性的；供養的物品最後燒了，也是回歸到空性；供養者我們自己，本質也都是空性的。瞭解三者的本質都不離空性而供養的時候，你也積聚了智慧資糧。

有的人說：《心經》裡面怎麼那麼麻煩，無眼、耳、鼻、舌、身、意，乾脆說沒有頭不就好了嗎？因為無眼、無耳、無鼻、無舌、無身、無意每一個都有意思的，不能說講一個就可以的。同樣地，你也別想說一把火就把供品全部都燒了，因為每一個步驟都有發願、用意在裡面的。

附錄

觀修問答

學：學生　**堪**：堪布丹傑　**確**：確戒仁波切

學：我想請問金剛亥母，手拿的天杖上面的三個骷髏，它代表的意義？

確：這三個人頭最主要就是幫助我們思惟無常。它示現了無常演變的一個過程，我們死亡之後，最開始身體會乾掉，乾掉之後，就腐壞掉，腐壞之後，最後就是骷髏頭。所以這三個過程，代表了無常的意思。

學：我要問的是那個金剛亥母手上的法器（鉞刀跟頭蓋骨）代表什麼意義？

確：鉞刀代表的意思是斬斷我執。我們看到許多本尊，都會拿著一個頭蓋骨，當中盛滿了血，瑪哈嘎拉拿的頭蓋骨當中，也會盛滿著血，這個血象徵的是毀壞佛教的、破戒人的命跟氣，就是具備了十種徵兆的、會毀壞戒律的、破壞佛教的這樣的人的命跟氣。但金剛亥母拿的頭

蓋骨是密法的部分，這裡就不公開講解。

學：我想請問校長，我們一開始觀的時候，一切轉變成空性的法生宮，然後自身化為金剛亥母。但是之後到了持咒修禪定時，「自身密處法生中，舍ᵉ與四尊空行眾，心間四字放光明」時，還要觀想一個法生宮在密處，同時要觀想「舍ᵉ」字。我的問題是，這時四尊空行眾，是不是也要觀想在密處，然後祂們的心間的四個種子字，和舍ᵉ字一起放射光芒，是這樣子嗎？

確：這時的四尊空行母，就是最開始我們已經觀想在自身金剛亥母主尊周圍的四尊。這個時候，在密處你要觀想一個法生宮，法生宮上有一個日輪，日輪上有「舍ᵉ」字，這在儀軌文字裡面沒有寫到。這時這個「舍ᵉ」字和「哈惹尼薩」咒字都要放光。

堪：那四尊空行母心間的咒字，是不是要站在蓮花上面？

確：不需要，就是直接有這個咒字，出現在空行母的心間就好。

堪：四個空行母是位於四瓣蓮花上嗎？

確：是的，最開始的時候，我們有自生觀想，那時候你會觀想一切轉變為空性，空性當中有法生宮，法生宮出現之後，上面有一朵很大的四瓣蓮花，在中間的花蕊上面還

有一個日輪，日輪上有一個月輪，月輪之上有屍身，屍身上再有一個日輪，然後就是「舍ᵈ」字。「舍ᵈ」字後來轉變成為我們自己，也就是金剛亥母。自身前方的花瓣就代表是東方，金剛空行母就是站在那個花瓣之上，然後祂的心間有一個咒字等等，四尊空行以此類推。

堪：請問屍身代表什麼？

確：這個屍身是一個外氣已斷、內氣未斷階段的屍身，是還有我執的階段。屍身本身就是象徵我執，而降伏我執的方法，就是智慧，因此屍身之上，要觀想一個日輪，此時的日輪，代表的就是對治我執的方法，也就是智慧。這樣的屍身和日輪的觀想，是金剛亥母不共的觀修方式，這時的日輪，也不同於一般蓮花座上所觀想的日月輪。

堪：那為什麼不觀想一個活人被踩著呢？活人的我執不是更重嗎？

確：因為活著的時候，妄念太多，一定站起來就跑掉了，踩不住的。

堪：蓮花上的日輪跟月輪，它的大小是不是一樣的？是立體的還是平的？

確：一般而言，所有本尊的蓮花座上，都有日輪和月輪，

因為這象徵清淨父精和母血。日輪是黃色或橘色，月輪是白色，兩者大小一樣，都是圓形，扁平狀，如同兩塊烤餅貼在一起一樣。但是，蓮花上的日輪、月輪，有時不一定會畫出來，有的畫得比較細的才可以看到。通常憤怒尊或憤寂尊的蓮花座上，只會畫出黃色的日輪，寂靜尊的蓮花座上，會畫出白色的月輪，雖然只畫出一個輪，但我們要瞭解輪本身都包含日月兩個部分，原因是，這是清淨父精母血的觀想。

學：仁波切，對不起，我想請教一下，前後左右的四位空行母，分別是金剛空行母是東方，西方是珍寶空行母，南方是事業空行母，北方是蓮花空行母，這樣的位置對嗎？因為之前有講到前後左右，那跟東西南北的位置，好像不太對應，謝謝。

確：從頂藍金剛空行母這一段，我們並沒有照這樣觀想，因為是內修所以並沒有解釋這一段，但順序是一樣的。第一個是就是藍色金剛空行母，祂是東方，觀想的話是在正前方的那一個花瓣之上；然後在我們的右手邊，是指南方，南方是黃色的珍寶空行母，後面是西方，西方是紅色的蓮花空行母，再來左邊是北方，北方是綠色的事業空行母，它是這樣一個順序。接著「哈惹尼薩四字化，頂藍金剛空行母……」這一段文字並沒有多作解

釋，因為這是內修的部分。所以，各位可以看到內修跟外修的不同，外修的觀想是在外面的，譬如說金剛空行母就在我們的前後左右的，但是到了內修的時候，頂是指我們的頭頂，喉是指我們的喉部，這是指自身的頂部、喉部跟這幾個其他的部位有這些空行母，但因為這是內修的部分，所以我們沒有講到，也不需要這樣作觀想，我們只要觀想外修的東南西北、前後左右，這樣就好了。

學：請問最開始觀想法生宮的部分是外修嗎？

堪：對，外修跟內修的差別，之前仁波切有提到，現在補充一下，亥母的法本有分外修、內修、跟密修，這三個部分都要修幾個月的時間，先要外修修完，再到內修，再到密修。外修是指觀想本尊的樣子，這一部分到了內修，就是觀想脈輪，比較跟氣、脈、明點有關的，密修的部分這次沒有特別多講，是更深入的。我們現在手上拿到這個法本，因為是一個很簡短的法本，所以是將外、內、密都合在一起的法本，因此，在「熾光遍耀三千界」之前，是前行跟外修法。從「哈惹尼薩四字化……無二部主為頂嚴」都是內修跟密修的部分。

學：對不起，我比較笨一些。我們觀想自己成為金剛亥母的時候，是屬於外修。但之後要觀想自己的密處有「舍ㄧㄝ」

字。我的問題是，密處屬於身體的內部，那這個部分算不算內修呢？

確：這個都還是算在外修，不算是內修。雖然是觀想身體裡面有「舍以」字，或者祕密處有法生宮，但所謂的內修是要觀想跟你的脈有關，因為這裡都沒有提到脈輪的觀想，所以還是算外修。為什麼在這裡，我們要特別觀想「舍以」字在祕密處，然後你要專注呢？因為之後要持誦亥母的咒語，你的心要專注在一個咒字上。一般我們看到很多其他的本尊，會觀想咒字是在祂們的心間，包括那些咒語是圍繞在祂的心間，但是亥母比較不同，祂一直是在祕密處，咒語、咒串也是在祕密處。為什麼亥母要觀修祂在祕密處，而不是在心間或其他部位呢？最主要的原因是，金剛亥母法是屬於生起次第的一個修持法，圓滿次第時則是拙火法，金剛亥母法跟拙火法的本質是一樣的。

談到拙火（藏語音譯是督莫）的修持，就時常要在肚臍以下的部位，觀修拙火的法門。因此，生起次第時的金剛亥母法，就要觀想在那個部位，到了圓滿次第的拙火法的時候，也會觀修在同一個部位。所以，這兩個法門是有關聯性的。在金剛亥母儀軌中的一個讚文提到，我們在肚臍以下部位，作拙火修持的那個火種，其實就是金剛亥母，金剛亥母法修得好、修得熟練的話，你就很

容易契入拙火的修持。

事實上，對於一個專修亥母的行者來說，要非常清楚每一個觀修的細節和步驟，但通常對大眾講解的時候，並不會說得那麼仔細，因為大家並不見得是以後要專修這個法的人。如果是要專修亥母，要去閉關的一個行者，通常上師會單獨的、直接的告訴他，或者是以問答的方式，告訴他一些觀修的口訣。談到亥母內修法的時候，有提到跟我們的脈這些有關，我曾有解釋到我們的身體是怎麼形成的，最開始是像馬尾的毛那麼細的一條脈，從它開始慢慢地成長，開展出左脈和右脈，在這主要的三條脈之外，還延伸出來有七萬兩千條脈。但在身體裡面的這三條脈，是最主要的主幹，內修時除了要觀想主要的三條脈之外，在我們的頂部、喉部、心部、臍部、祕密處等等都有各種脈輪，像是輻輪一樣，一圈一圈發展出去的脈輪，頂輪就有藍色金剛空行母，祂和頂部的脈輪，有很密切的觀修的內容。這就是內修主要的意思，都跟我們的脈輪有關。我們這裡就沒有要修內修的部分，就只是外修的觀修就可以。

學：請問密處只觀一個「舍以」字就好了嗎？蓮花、日、月輪還要嗎？

堪：祕密處有一個法生宮，法生宮上面有一個日輪，日輪上

面一個「舍以」字，這樣觀修就可以了。

確：金剛亥母的觀想比較特別，因為大部分都是觀想咒字在心間，咒串也在心間，為什麼要觀想這些咒字呢？主要原因就是我們要持誦祂的咒語，所以要有一個讓心專注的對象。金剛亥母的特殊點，就是觀想在祕密處有這樣的咒字跟咒串。這個法門應該是要閉關去專修的，像之前有提到，要修這個法門的時候是要禁語的，不能夠梳洗、不能夠剪髮、剪指甲，一切的行為都是要自然不造作的，這樣子專修閉關修這個法。

事實上會發覺，在觀修、實修的時候，你觀想種子字在心間跟觀想在其他部位，例如在祕密處，它的感受、利益是不同的。你觀修亥母的時候，大部分是紅色的咒字，從溫度上來說，它是熱的，這是生起次第這樣觀想。但圓滿次第的時候不會觀想什麼本尊的樣子，或者是咒串了，在圓滿次第拙火的觀想時，焦點是在觀想火焰，顏色是紅橘色，溫度是熱的，這時你要觀想的是火焰，而不是一個本尊或者咒字。因此，生起次第的亥母，跟圓滿次第的拙火兩者的觀想上是有些不同，但實際上的意思是相同的。

在生起次第觀修的時候，你要得到的是一種非常穩固的觀修，非常熟練的這種觀修。穩固之後，亥母的實

際意義要透過拙火的修持才能夠瞭解。我們常會聽到一些詞，像是顯空不二、明空不二、樂空不二、覺空不二等等，其中樂空大手印，主要就是透過亥母跟拙火的修持，能夠證得樂空本智的大手印。樂空的樂就是一種感受、樂受，如果沒有一個緣來幫助你是感受不到的。所以，當你有這種樂受的時候，你也同時知道它的本質是空性的話，代表你已經證悟到樂空不二的智慧。

怎麼樣能夠生起樂受呢？就是透過拙火的修持。這種樂空不二的修持是一定要透過密乘的觀修，才能得到的。就好像如果你很冷的時候，手腳冰冷，你會把手放到暖爐邊或火邊烤一烤，馬上就有熱的感受，這時候你因為溫暖了，會有一種舒服的感覺。所以，這種舒服的樂受，需要透過一個外在的緣來幫助你得到。為了要達到樂空的覺受和証悟，你就要依靠圓滿次第拙火的修持，而圓滿次第拙火的修持之前，你要具備的條件是金剛亥母生起次第的修持。生起次第亥母的修持重點是放在哪裡呢？就是放在祕密處觀想「舍以」字的這個部分。

在《心經》裡面，我們會提到色即是空、空即是色等等這些的內容，但談到樂空不二的時候，它的解釋有比較大的差異，是不同層次的解釋。譬如說色即是空，空即是色，《心經》裡面談到的內容比較是透過一些理論的

方式，去瞭解、抉擇空性的意思是什麼，但是在樂空不二的時候，就不是理論，而是你直接的一種經驗。譬如一種熱的感受，修拙火的時候當下去體會它的空性，是不一樣的。

堪：金剛亥母有非常多不同的傳承，也有不同的形相，我們自己專修的時候是不是跟隨一個傳承、一個形象就好了？

確：的確有不同的傳承，有不同的一些相貌，像薩迦派是兩隻腳都是碰到地的，梅紀巴的傳承是一隻腳踏在地上，另外一隻腳舉得很高的。我們噶舉的傳承，就是這裡看到的這樣的相。要專修這個法門的時候，就是就按照這個儀軌來觀修就好了。

國家圖書館出版品預行編目資料

金剛亥母實修法 ／確戒仁波切作；
堪布羅卓丹傑譯；
--初版.--新北市：眾生文化, 2011.07
224面； 17 x 22公分（儀軌實修叢書；1）
ISBN 978-986-6091-27-8（平裝）

1.藏傳佛教 2.佛教修持

226.965   102027613

儀軌實修叢書(1)

金剛亥母實修法（原書名《相信，你就是！》）

作　　　　者	確戒仁波切
藏　譯　中	堪布羅卓丹傑
發　行　人	孫春華
社　　　長	妙融法師
總　編　輯	黃靖雅
責　任　編　輯	賴純美
封　面　設　計	施心華
版　面　構　成	林燕慧
修　　　潤	楊悅芸
藏　文　校　對	善戒法師、央間
行　銷　企　劃	劉凱逢
印　務　發　行	黃志成

台 灣 發 行　眾生文化出版有限公司
22061新北市板橋區四川路二段16巷3號6樓
電話：02-8967-1025　傳真：02-8967-1069
劃撥帳號：16941166　戶名：眾生文化出版有限公司
電子信箱：hwayue@gmail.com　網址：www.hwayue.org.tw

台 灣 總 經 銷　紅螞蟻圖書有限公司
地址：114台北市內湖區舊宗路2段121巷19號
電 話：02-27953656 傳真：02-27954100
E-mail：red0511@ms51.hinet.net

初 版 一 刷　2011年7月
一 版 五 刷　2017年5月
I S B N　978-986-6091-27-8 (平裝)
定　　價　340 元